AF226686

L'ALGÉRIE

ET

LES NÈGRES LIBRES

DES ÉTATS-UNIS

ALGER. — IMPRIMERIE ET LITHOGRAPHIE BOUYER.

L'ALGÉRIE

ET LES

NÈGRES LIBRES

DES ÉTATS-UNIS

PAR

M. SAINT-AMANT

HABITANT PROPRIÉTAIRE EN ALGÉRIE

DEUXIÈME ÉDITION

(La première édition a été publiée à Londres et dans les numéros
du *Courrier de l'Europe* des 13, 20
et 27 janvier, 3, 10 et 24 février 1866.)

ALGER

CHEZ TOUS LES LIBRAIRES DE LA VILLE

Prix : 2 francs.

1866

AVANT-PROPOS

Un fait consolant devait jaillir de la déplorable guerre intestine qui dévorait la grande république américaine. Plus de trois millions de nègres y ont subitement passé de l'état de servitude à l'état de liberté.

En regrettant que cette émancipation n'ait pas eu lieu plutôt comme produit d'un sentiment fraternel, que comme un fait accidentel né de circonstances politiques et sous la pression de l'opinion publique, on voit en outre, avec une impression pénible, combien les divers Etats cherchent à amoindrir la mesure, en marchandant les conditions de cette liberté par des restrictions tendant à prouver que la liberté ne sera jamais l'égalité dans la *République modèle*.

L'antipathie et le mépris contre les affranchis s'élèvent à des excès qui rendront à ceux-ci l'existence par le travail difficile sinon impossible.

Cette situation nous a remis en mémoire une offre (probablement oubliée de tous) qui fut faite au gouvernement de la Restauration en 1820, par le célèbre président J. Monroë. Il proposait de mettre à notre disposition cent mille nègres libres, dont les Etats du Nord étaient embarrassés. C'étaient des bras pour nos colonies intertropicales, que la suppression de la traite contrariait vivement; mais à cette même époque on n'y voulait que des esclaves, et l'offre fut déclinée. On fonda *Liberia*.

Aujourd'hui, tout est changé dans les deux mondes : nous n'avons plus d'esclaves, et en revanche nous possédons un *Territoire français prolongé* sur le continent même qui alimentait l'esclavage moderne.

Deux systèmes de colonisation, *également absolus et par cela même erronnés,* qu'on espère, en haut lieu, arriver à combiner ensemble, se trouvent en présence en Algérie : celui par l'immigration européenne, et celui par les indigènes assimilés et rétablis dans leurs droits fonciers de *premiers occupants.*

Mais les colons actuels, ceux qui ont survécu à leurs aînés, sont à bout de force et de ressources ; les mieux partagés ne sont arrrivés qu'à une médiocrité achetée trop cher pour trouver des imitateurs résolus à passer par de semblables épreuves. Il n'y a donc pas à compter, en l'état actuel, sur de nouvelles victimes, puisqu'on ne peut faire, suivant les expressions de l'Empereur, *dans le spectacle de la prospérité le plus magnifique appel.*

D'autre part, les indigènes ne sont pas susceptibles de progrès. Réfractaires à la civilisation telle que nous l'entendons, par leur nature, leurs habitudes séculaires et leur religion, ils continuent à faire ce qu'ils ont accontumé de faire, et, quelle que soit l'étendue de leurs terres, ils ne leur demanderont jamais que ce qui peut être produit à peu près naturellement et sans peine, dans la mesure de leurs besoins, restreints au strict nécessaire de la vie. Ah! si au lieu de naître au milieu de la plus brillante civilisation, l'illustre écrivain de Port-Royal eût été condamné à vivre au milieu de la race déchue et dégénérée des Arabes, on peut bien affirmer que jamais la pensée ne lui fût venue que *le genre humain est un homme qui ne meurt jamais et se perfectionne toujours.*

Des capitaux sont indispensables, mais seuls ils ne suffiraient pas au milieu de la société actuelle qui végète en Algérie. Il faut y introduire simultanément, avec un outillage perfectionné, des bras, des bras exercés et solides, qui ne coûtent pas beaucoup et qui puissent supporter les travaux préliminaires de défrichement, partout et en toute saison. Il n'y a pas à recommencer les sacrifices des premières générations de pionniers européens, qui ne trouvèrent que la mort en se dévouant à l'assainissement du pays.

Ce ne sont donc plus des colons français arrivant pour travailler à leur propre compte un sol vierge, qu'il faut demander et espérer. Ce sont des forces matérielles, quoique humaines, appliquées à ce qui a été déjà étudié, approuvé, tracé, ébauché, à ce qui n'attend que des développements. Les cadres existent, il s'agit de les remplir, afin de compléter et d'étendre les cultures et tout ce qui s'y rattache. Pour l'exécution de ses grands travaux d'utilité publique, le gouvernement aussi a besoin de main-d'œuvre, car il n'en trouverait chez les indigènes qu'au moyen des *corvées forcées* qu'il n'a sans doute pas contribué à faire cesser au canal de Suez pour les faire revivre en Algérie.

La main-d'œuvre qu'on tirerait uniquement de France, serait trop coûteuse, et ce n'est pas au moment où l'on réduirait l'armée d'occupation qu'on pourrait lui imposer de nouveaux sacrifices.

Si un courant d'émigration prononcé continue à se porter vers les deux Amériques, c'est sous l'appât d'un fort salaire. En effet, aux États-Unis, le dollar est à peu près la représentation de la journée de travail, et, sur les rives de la Plata, elle est encore mise à plus haut prix. Payants et payés sont également satisfaits.

En Algérie, la moyenne de la main-d'œuvre pour l'Européen est de 2 fr. 50 c., plutôt au-dessous qu'au-dessus du chiffre qu'elle a atteint en France, et la vie n'y est guère meilleur marché pour l'ouvrier français. Le propriétaire trouve ce salaire encore trop élevé et a recours aux indigènes, aux Kabyles principalement, qui ne coûtent que moitié ; le journalier européen, de son côté, ne faisant pas d'économies, ne ressent pas le bénéfice de son déplacement. Il en résulte que *payants* et *payés* sont également mécontents. Il y a donc là toute une situation à changer.

— Par l'introduction des nègres libres des Etats-Unis, que nous proposons, ces anciennes victimes de la cupidité se trouveront rapatriées sur leur continent d'origine ; cette mesure réparatrice sera accomplie sans frais excessifs et avec des engagements au moyen desquels deux années de travail suffiront pour rembourser les avances faites ; une troisième caste viendra ainsi peupler l'Algérie des plus excellents travailleurs, des plus hygiéniquement appropriés à toutes les natures de travaux particuliers et généraux, dont les plus rudes et les plus importants sont également familiers à ces ateliers. Sans être immédiatement à son compte, cette population de couleur, privée du capital, n'en sera pas moins l'auxiliaire naturel et intéressé de la colonisation européenne, par ses habitudes, son éducation et surtout la religion. Ce dernier point, par opposition au fanatisme mahométan (*Hanefi* ou *Maleki*), est d'autant plus digne de considération que les nègres déjà fixés en Algérie ou sont restés idolâtres, ou sont acquis à l'islamisme. Les nègres des Etats-Unis y demeureront les frères en Jésus-Christ de toute la population européenne.

Il est très à désirer que le président Johnson suive les traces de son illustre prédécesseur Monroë, moins pour sa doctrine, qu'en prêtant sa coopération officielle à cette émigration ; cette sanction serait un avantage, sans être indispensable. L'homme appelé à la liberté jouit du droit de locomotion avant tous les autres. Du moment qu'il ne blesse ni les lois du pays, ni les principes internationaux de neutralité et du droit des gens, pourquoi ne serait-il pas maître de sortir, collectivement aussi bien qu'individuellement, de l'endroit où il se trouve mal ? Vouloir s'y opposer dans la *République modèle* serait par trop Pharaon, et une déclaration à la face du monde que leurs esclaves noirs, *esclaves par nature*, n'ont été qu'à demi affranchis, puisqu'ils sont traités en serfs, enchaînés au sol, enfin ce qu'on appelait à Rome *esclaves de la glèbe*, esclavage peut-être pire que l'autre, et que la vieille Europe vient justement d'achever de faire disparaître jusque dans ses régions les plus barbares.

Mais cette hypothèse d'une opposition doit être d'autant plus écartée, qu'un homme éminent de ce pays-là, pressenti sur les dispositions du pouvoir exécutif à Washington, a répondu par *No objection*. On doit y compter, mais tout est à prévoir. (1).

A présent qu'on a des capitaux il faut, nous le répétons, pour les utiliser dans l'intérêt des capitalistes comme de l'Algérie, des bras, des bras, des bras. Nos calculs à cet effet ont été poussés jusqu'à la totalité des nègres libres des Etats-Unis, d'une part pour donner pleine satisfaction au préjugé américain, et, d'autre part, pour démontrer l'immensité des ressources de l'Algérie. Réduite à moitié, même au tiers, environ à un million de têtes, cette émigration, avec moins de dépenses de toutes sortes, suffirait à la réalisation de notre plan. Une fois l'infusion de cette nouvelle caste de couleur commencée, on serait toujours libre de retarder et même d'arrêter tout-à-fait les frais dans les opérations successives.

Nous espérons prouver, par des considérations irréfutables et des calculs précis et développés, appuyés sur des chiffres, combien tout cela est simple et praticable, à l'aide des grandes compagnies de crédit nouvellement constituées et auxquelles appartient la véritable affirmation de ces projets.

---

(1) Cette confiance dans les sentiments du Président Johnson était d'autant mieux fondée que, le 9 février, le chef de l'Union ayant déjà connaissance de notre projet, qui était publié dans les feuilles anglaises depuis près d'un mois, répondait à la députation des hommes de couleur que « ce qu'ils auraient de « mieux à faire serait d'émigrer. » (*Sic*).

Nous ne voyons pas quels peuvent être nos adversaires déclarés, car *indigènes* et *immigrants* ne sauraient en être blessés, ni dans leurs droits ni dans leurs intérêts.

Il nous paraîtrait désirable que ce projet fût accueilli avec faveur, non pour une puérile satisfaction d'amour propre, mais d'abord pour l'Algérie; ensuite, comme renfermant un service réel rendu à la jeune république de l'Union, il deviendrait un moyen d'inspirer une juste réciprocité qui ferait diversion et détendrait les rapports diplomatiques sur la question mexicaine. Sa plus heureuse solution n'est peut-être que là. D'ailleurs, tout rapprochement ne pourrait que hâter et faciliter les négociations à l'étude pour un traité de commerce devant donner une égale satisfaction aux intérêts engagés entre les deux grandes puissances de l'Atlantique.

Ce travail était terminé, quand a paru la Lettre de l'Empereur; pièce magistrale où s'allie trop bien le cachet de la grandeur au charme des sentimens les plus touchants et des plus généreuses dispositions, pour s'étonner que l'effet produit ait été universel. Nous sommes heureux de pouvoir constater plus de points de rapprochement que de dissidence entre cette imposante autorité et ce que nous avions humblement publié nous-même, il y a près de quatre ans. Nous n'en formulons à vrai dire qu'une reproduction, à propos de l'immigration américaine, enhardi par la conviction de remplir un devoir d'honnête homme et de servir, en citoyen probe et libre, la cause de l'Algérie, à laquelle nous sommes venus associer notre existence et notre fortune.

SAINT-AMANT.

L'ALGÉRIE

ET LES

NÈGRES DES ÉTATS-UNIS

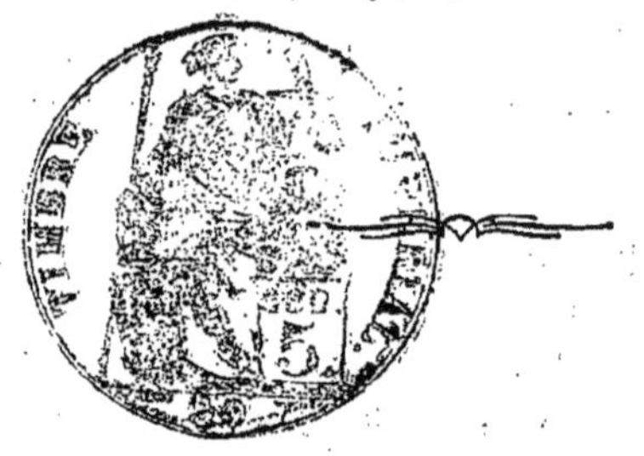

I

« Les affaires se font toutes seules, et les grandes opérations sont les plus simples et les moins difficiles, » disait M. de Talleyrand.

Tenons pour à peu près exacte une partie au moins de l'aphorisme d'un homme d'Etat qui était aussi habile qu'il était négligent et paresseux, ne serait-ce qu'à propos de la plus grosse affaire du *temps* présent, pour laquelle personne ne semble s'agiter, dont personne n'a l'air de s'occuper. En un mot, elle soffre pour ainsi dire sans avoir été visée, elle s'arrange à peu près toute seule, étant déjà organisée en quelque sorte. Tous les éléments existent; aussi, quoique complexe, s'affirme-t-elle carrément d'elle-même à la face des deux mondes. Il y aurait erreur à croire que ce sont les gros chiffres qui rendent aujourd'hui les affaires douteuses ou difficiles; au contraire, s'il faut plus de bras et de capitaux, le nombre des intéressés au succès devient plus grand. Voilà tout, quand l'entreprise est foncièrement bonne.

Un simple et rapide exposé suffira pour démontrer surabondamment les considérations élevées, dans l'ordre moral et politique, qui militent en sa faveur. Il ne faut plus qu'un peu de bon vouloir, nous ne dirons pas pour la favoriser, mais pour ne pas l'empêcher d'éclore, pour ne pas y jeter des entraves à plaisir.

Elle possède non-seulement le précieux avantage de ne blesser aucun des intérêts déjà engagés, mais au contraire, elle en présente de bien plus considérables à ceux similaires préexistant et fonctionnant, qui seront naturellement appelés à participer à ce fragment du *Renovabis faciem terræ*

Lorsque la Révolution de Février affranchit, par la seule proclamation de la République, les esclaves de nos colonies (affranchissement qu'on s'occupait sérieusement d'y ménager, en empruntant le système temporisateur et indemnitaire qui avait réussi à l'Angleterre), dès ce moment le travail cessa complétement, le nègre ne comprenant dans la liberté que le droit de ne rien faire; on eut beaucoup de la peine à en ramener quelques-uns au travail, moyennant salaire. Mais avec ces nouveaux ateliers, peu nombreux et travaillant moins, il fut indispensable de se pourvoir ailleurs d'un supplément : de là surgit *le système des engagements.* On dut aller chercher sur d'autres centres de population celle qui faisait défaut dans nos anciennes possessions tropicales. Le travail possible des blancs sous la zône torride étant fortement contesté, ce fut à la côte d'Afrique qu'on retourna recruter comme *engagés libres* ceux qu'on avait été y enlever si longtemps comme esclaves, et que quelques nations encore, à l'aide d'une traite interlope, continuaient à aller acheter malgré les croisières françaises et anglaises, entretenues à si grands frais pour s'y opposer.

Ce système des engagements, aux yeux d'une philanthropie dégagée de passion, était le complément indispensable de l'abolition de la traite, son plus redoutable ennemi, servant d'exutoire au trop-plein de la population africaine condamnée à être vendue ou égorgée. Là était le véritable moyen de faire cesser la traite, surtout sous les yeux et avec le concours du gouvernement français, qui présidait, avec une loyauté non suspecte, aux contrats passés entre les engagés et les engagistes. Cette tutelle ne cessait même pas alors; elle accompagnait les émigrants à destination; les règlements les plus prévoyants ont été édictés dans les colonies pour que les engagés, tout en remplissant leurs devoirs, ne soient frustrés d'aucun de leurs droits; un syndicat y veille de près. Avant de lever l'ancre, on poussait le luxe des précautions jusqu'à faire renouveler à tous les engagés la déclaration publique et solennelle qu'ils étaient bien libres, et que c'était bien de leur plein gré qu'ils émigraient sans céder à aucune espèce de pression étrangère. Que pouvait-on faire de plus ? Cependant, on contesta, soutenant que, s'ils avaient refusé de partir, ils seraient tombés dans l'esclavage dont nous les arrachions, et auraient été égorgés et peut-être mangés par leur compatriotes ; enfin, que c'était notre faute, parce qu'en leur offrant une prime, nous entretenions parmi eux la guerre, l'esclavage et tout ce qui s'ensuit. Singulière façon d'envisager ce que nous croyons une œuvre plutôt humanitaire, chrétienne et civilisatrice qui aurait dû nous sauver au moins de la qualification de *traitants déguisés*, qu'on a osé nous donner du haut de la tribune anglaise !

Outre les clauses de la prime à payer, d'un salaire à servir pour un travail réglé et défini, de l'obligation de les rapatrier au terme de leur engagement à leur volonté, tout est prévu et minutieusement déterminé. Le code noir de Colbert n'est rien, comparé à toute la réglementation qu'a nécessitée la substitution de l'engagement à l'esclavage.

C'est ainsi qu'on eut, pendant quelques années, des travailleurs qui, quoique coûteux, rendaient des services rémunérateurs et permirent de reconstituer le travail abandonné par les anciens nègres dans nos colonies.

Mais cela ne devait pas durer, et on avait compté sans les sociétés abolitionistes d'Angleterre. Celles-ci, n'ayant plus à combattre ni la traite ni l'esclavage, n'en ont pas moins voulu poursuivre leur croisade négrophile. Ce sont ces associations qui ont prétendu que le système des engagements prolongeait les guerres civiles parmi les noirs, les vainqueurs y puisant toujours un profit à faire des prisonniers qu'ils réduisaient en esclavage et venaient ensuite nous céder; ce sont elles qui ont osé taxer de *traite clandestine* les contrats les plus sincères, et qualifier d'*esclavage indirect* le sort que nous leur réservions sur un sol ou il n'y avait plus un seul esclave, et qu'il leur eut suffi de toucher du pied pour être, par ce seul fait, déclarés libres. C'est cependant ce qu'un ministre anglais, qui a été embassadeur à Paris, a articulé en propres termes dans le Parlement. La logique et la bonne foi en ont fait justice, et toute nouvelle discussion devient irritante et sans utilité. S'il fallait absolument trouver une assimilation à de pareils actes, ce ne devait pas être avec les trafiquants de chair humaine, mais bien plutôt avec les pieuses missions du moyen-âge vouées au *rachat des captifs*.

Quoi qu'il en soit, le gouvernement anglais, par des raisons de politique intérieure, plus que par conviction, a toujours cru devoir appuyer ces absurdes réclamations. On a longtemps atermoyé, et ce ne fut que sur l'offre de tolérer sans empêchement les engagements de travailleurs partout ailleurs qu'en Afrique, d'aider même à nous procurer des engagés dans les possessions anglaises de l'Inde (qui nous avait d'abord été refusés), que le gouvernement de l'Empereur a cru devoir céder, peut-être aussi un peu de guerre lasse, devant la ténacité britannique, ténacité qui se reproduisait en toute occasion, menaçait de devenir éternelle et pouvait finir par amener de fâcheuses complications. Enfin on céda...... et il fut stipulé, en 1857, que nous cesserions d'autoriser, à quelque titre que ce fût, l'enrôlement des noirs. Seulement, et par exception, la maison Régis et Cie, de Marseille, étant munie d'une autorisation antérieure, en vertu de laquelle elle avait signé un marché pour encore 20,000 têtes à prendre au roi de Dahomey, on ne put donner au traité un effet rétroactif qui eût entraîné à de graves indemnités, et on convint, par une clause exceptionnelle, que ce ne serait qu'à l'expiration de ce marché que la côte serait définitivement fermée. Puisse cette concession à l'entente cordiale avait été la dernière de celles que l'Angleterre avait pris la détestable habitude d'exiger du gouvernement débonnaire de Louis-Philippe

D'après une circulaire que le cabinet de St-James vient d'adresser aux puissances maritimes, n'ayant pu réussir à détruire complétement la traite, il propose d'assimiler cet odieux trafic à la piraterie. Comme ce fut pour nous nuire dans nos *engagements* qu'ils ont privé du plus puissant dérivatif le commerce des esclaves africains, si nous osions nous permettre de donner un conseil à notre gouvernement, ce serait celui de laisser ces abolitionistes poursuivre seuls la mission qu'ils se sont attribuée: nous n'accepterions pas plus leur *congrès* pour les noirs qu'ils n'ont accepté le nôtre pour les blancs.

A cette époque de décembre 1857, comme délégué des mines d'or de la Guyane française, nous avions mission de procurer à la grande compagnie exploitante quelques centaines de travailleurs pour renforcer ses ateliers de mineurs. Ne pouvant obtenir des nègres que par la maison Régis et Cie, sur les 20,000 dont il a été question plus haut, nous essayâmes de lier un marché avec ces armateurs; mais, comme ils n'en avaient plus qu'une quantité restreinte et que la demande excédait l'offre de beaucoup, ils tenaient la *marchandise* à des prix élevés, auxquels nous ne pûmes souscrire. Au lieu d'Africains, nous dûmes nous rabattre sur des races asiatiques, comme les autres colons. A cet effet, nous traitâmes avec un armateur du Havre pour avoir des coolies. Ils nous ont coûté trop cher pour ce qu'ils valaient, et ne nous ont pas avantageusement remplacé nos nègres de la côte, dont les engagements, arrivés à terme, n'étaient malheureusement pas tous renouvelés (1).

Nous n'hésitâmes pas, à cette époque, à nous élever avec force et publiquement contre les prétentions insolites de la *perfide*

---

(1) Le Directeur de la Compagnie aurifère de la Guyane avait eu la pensée d'engager des négres libres aux Etats-Unis; mais au lieu d'aller tout simplement les y chercher lui-même, il a essayé de la voie diplomatique et a échoué. On nous a affirmé que c'est par notre ministre à Washington, M. de Montholon, qu'il avait demandé une permission, dont il n'avait nullement besoin, et qu'il lui a attiré un refus. La connaissance de ce fait avait un peu ébranlé notre foi sur la possibilité sans conteste de ces engagements, et c'est ce qui nous y fait revenir à plusieurs reprises. Ces explications sont nécessaires, après ce qui est survenu, pour ne pas être suspecté d'avoir cherché à enfoncer une porte ouverte.

Les dernières nouvelles de la Guyane mentionnent encore des regrets de ne pas avoir de nègres pour les extractions aurifères. La grande Compagnie

Albion (*Courrier du Havre* des 7, 8 et 9 décembre 1857 ; *Univers* et *Morning Post* de la même date). Nous livrâmes à la publicité les termes mêmes du traité Régis et Cie, qui n'étaient pas connus, et le détail de toutes les obsessions britanniques. Leur Parlement s'en émut : mais, hélas ! il n'avait pas moins réussi, à nous faire passer sous les fourches caudines d'*Exeter Hall.*

Nos possessions intertropicales, sans exception, ont donc été, depuis, réduites aux races asiatiques (qui n'ont probablement pas de société protectrice en Angleterre); elles supportent moins bien les rigueurs du climat que les nègres, et leur sont également inférieures pour la force et la vigueur, tout en revenant aussi cher et même davantage. Après avoir longtemps flotté entre coolies et Chinois, la préférence est décidément acquise à ces derniers. On peut hardiment prédire que ce ne sera pas de durée, quoique des services de paquebots à vapeur et à voiles soient parfaitement organisés pour accomplir ces migrations. Nos colonies ne font que languir. Toute transformation est à leur désavantage ; après l'abandon des grandes cultures, on délaissera finalement le sol lui-même, et il restera la proie d'une population hétérogène et éparpillée, qui ne fera plus que gratter un peu la terre pour ne pas mourir de faim. Des noirs libres habitués au travail pourraient seuls y ramener la prospérité et le bien-être général pour tous, engagés et engagistes.

Il y a eu des gens assez mal inspirés pour proposer une immigration de race asiatique en Algérie. Ce serait tout ce qui pourrait arriver de plus ruineux et de plus funeste. Mais comme on n'y eût pas trouvé d'engagistes parmi les colons, cela seul suffit pour couper le mal dans sa racine.

II

Les événements prodigieux dont les Etats-Unis viennent d'être le théâtre ouvrent à l'esprit colonisateur un champ nouveau qui pourrait profiter à nos possessions d'outre-mer.

La guerre civile y a tranché la question de l'esclavage avec encore moins de préparation qu'elle ne l'avait été chez nous en 1848. L'émancipation a été un acte fédéral, et la souveraineté des Etats, à laquelle appartenait cette grande mesure, a été

---

qui a été obligée de recourir une fois de plus aux Coolies Indoux, sur 300 têtes du dernier convoi on avait perdu près du tiers en peu de jours. En présence de cette effrayante mortalité, le Gouverneur a imposé la résidence permanente sur les placers d'un médecin spécial aux frais de la Compagnie; lourde charge pour une entreprise dont les dépenses n'étaient déjà pas couvertes par les produits.

violentée par le fait revolutionnaire :] ne pouvant revenir sur des faits accomplis, elle n'a plus qu'à les enregistrer ; mais chaque Etat, suivant ses tendances, en proclamant cette liberté des esclaves, l'accompagne de restrictions sur leur situation civile et politique dans l'Etat, qui ne les placeront pas dans une condition homogène au milieu de l'Union. Dans tous les cas ils vivront inférieurs aux blancs, dans la misère, l'ignorance et l'ignominie. Aussi, est-il bien permis de se demander ce qui en adviendra finalement.

On avait dû au christianisme la suppression de l'esclavage ; plus de mille ans après il osa reparaître, mais cette fois-ci limité à une race d'hommes. C'est là ce qui justement le rend plus affreux, car il est ineffaçable. L'esclave de l'antiquité était physiquement semblable à son maître, et bien souvent il lui était supérieur en éducation et en lumières (Esope, Epictète, Térence). L'affranchissement effaçait alors chez l'esclave toutes les traces de la servitude, non-seulement dans sa postérité, mais sur lui-même ; la chaîne brisée emportait jusqu'au souvenir de l'esclavage, qui déshonore la race quand cette malheureuse race perpétue elle-même ce souvenir par des signes visibles et impérissables.

Les nègres, aux Etats-Unis, quelque enlacés qu'ils soient avec les blancs, sont liés avec eux sans pouvoir se confondre. Ces deux races de couleurs différentes, ne pouvant jamais s'unir, doivent se séparer ; si elles continuent à fouler le même sol, la moins nombreuse périra ; elle disparaîtra non pas seulement par une lente extinction, fruit des mauvais traitements, mais peut-être par quelque catastrophe faisant oublier les horreurs des *Vêpres siciliennes* ou de la *St Barthélemy*. Jefferson l'a prédit depuis longtemps, et l'honorable président connaissait profondément son terrain, quand il disait : « Il est certain que les deux races également libres ne pourront vivre sous le même gouvernement ; la nature, l'habitude et l'opinion ont établi entre elles des barrières insurmontables. »

Ces barrières se sont-elle abaissées depuis les 40 années écoulées ? — Au contraire.

En Amérique il n'y a pas d'Africains qui y soient venus librement : ils furent ou ils sont tous esclaves ou affranchis. Ils ont perdu jusqu'au souvenir du pays, ils n'entendent plus la langue de leurs pères ; ils ont abjuré leur religion et oublié leurs mœurs ; ils n'ont pourtant acquis en compensation aucun droit aux biens du pays où ils ont été transportés. En reprenant tout-à-coup tant de liberté et de droits, il faudrait qu'ils pussent aussi vite sortir de la barbarie où l'abrutissement qui naît d'une longue servitude les a réduits. L'intelligence de l'esclave s'est abaissée au niveau de son âme. Si nous comprenions, dans les colonies françaises, que, l'émancipation étant inévitable, il était de notre intérêt bien entendu d'initier tout doucement les esclaves à la pratique de la liberté, dans les Etats du Sud les propriétaires n'étaient nullement dans ces sages dispositions : ils repoussaient toute discussion là-dessus, et ne voulaient pas admettre que jamais les nègres pussent se confondre avec eux. Tout en adoucissant leur condition matérielle, ils défendaient sous des peines sévères de leur apprendre à lire et à écrire ; conséquents en cela avec leur idée de ne jamais les élever à leur niveau, ils les tenaient aussi près que possible de la brute. « Les anciens enchaînaient le corps, les modernes s'en sont pris à l'âme. »

La révolution qui s'accomplit aux Etats-Unis va-t-elle apporter quelque changement moral dans les esprits ? On peut hardiment répondre par la négative, d'après ce qui se passe tous les jours. Tant que la guerre civile a duré, les distances semblaient s'effacer, l'animosité entre les blancs du Nord et du Sud avait absorbé toutes les passions haineuses ; une espèce de fraternité sous les armes, où l'on avait de part et d'autre appelé des régiments d'hommes de couleur, semblait régner sur le champ de bataille. Quelles distances ne sont pas comblées par le malheur et les périls !

Au début de la guerre entre les Etats du Nord et du Sud, nous eûmes les plus vives appréhensions sur la situation qui allait être faite aux planteurs du Sud : nous les voyions déjà exposés au sort des anciens colons de St-Domingue, brûlés et assassinés par leurs esclaves révoltés ; nous ne nous expliquions guère la fidélité qu'ils gardaient et l'espèce d'indifférence et d'insensibilité avec laquelle ils accueillaient les proclamations qui les rendaient libres. Aujourd'hui nous sommes édifiés : prévoyant la triste et précaire situation que le mépris et la haine des Américains pour la race tout entière des hommes de couleur leur réservait, ils n'entrevoyaient, avec raison, dans cette liberté que misère et humiliation.

Ils ne se sont pas trompés : la paix survenant brusquement a replacé tout à coup face à face les deux castes, l'une ruinée par la perte de ses esclaves, l'autre enrichie d'une liberté — présent fatal — qui, transitoirement du moins, la rend cent fois plus malheureuse. La servitude l'avait abrutie, la liberté la fera périr.

Il est incontestable que le préjugé de race était resté plus fort dans les Etats qui avaient aboli l'esclavage, que dans les Etats où l'esclavage subsistait encore, et, si la loi était plus dure dans ceux-ci, les mœurs y étaient plus douces. Il est avéré que les derniers événements ont plutôt éloigné les deux races qu'ils ne les ont rapprochées. Les Etats abolitionistes se sont toujours appliqués à rendre fâcheux aux nègres libres le séjour de leur territoire. Au Nord on chassa à peu près en même temps l'esclavage et les esclaves ; or, comme à présent tous les nègres sont libres, une sorte d'émulation générale s'établira entre les différents Etats sur ce point, et les malheureux affranchis ne pourront que choisir entre les maux. Il est à remarquer, d'après les statistiques, que, dans les Etats, la mortalité la plus forte a toujours pesé sur les affranchis ; les blancs et les esclaves mêmes sont plus épargnés, d'après cette échelle infaillible du bien-être et du mal-être social.

Une seule planche de salut est offerte aujourd'hui à ces malheureux : le travail. Examinons avec intérêt si cette éventualité providentielle ne leur manquera pas, et quelles en sont les probabilités.

Nous avons déjà vu que la liberté, pour les nègres de nos colonies françaises, était comprise par eux non comme le *droit au travail*, mais comme le droit de ne rien faire. Le nègre du continent a-t-il modifié sa nature et secouera-t-il cet instinct inné de la paresse, qu'il a toujours montré dans le pays où il est né comme dans tous ceux où il fut transporté? Une nécessité rigoureuse, telle qu'une question de vie ou de mort, pourrait seule opérer cette métamorphose. Admettons donc un peu de disposition au travail; reste à considérer s'il aura la faculté de s'y livrer et à quelles conditions.

Dans tous les cas, il restera réduit, dans le Nord, aux travaux les plus vils, et ce n'est que dans les États du Sud que l'on essayerait de continuer le travail des esclaves devenus libres. Il est alors bien certain que les blancs ne s'y mêleront pas, le travail des champs restera donc toujours avili, ainsi qu'il l'était dans les jours d'esclavage. Là où les nègres travailleront, les Européens n'entreront jamais en concurrence avec eux : ils craindraient trop de ressembler à ces parias. La loi a beau le déclarer libre, le préjugé, plus fort et indéracinable chez tous les Anglo-Américains, lui refusera le partage de ses travaux, comme il lui refuse celui de ses droits de citoyen, de ses plaisirs, de ses douleurs, de ses prières au même autel, et jusqu'à une place à côté de lui dans le champs du repos éternel et de la véritable égalité. « Il ne saurait se rencontrer avec lui ni dans la vie ni dans la mort. »

Les deux races mêlées auraient produit des métis, des mulâtres, et par eux le rapprochement eût pu se faire naturellement et petit à petit, comme dans les colonies espagnoles, portugaises et même françaises. Mais la race anglo-saxonne repousse toutes ces alliances, et les besoins charnels s'arrêtent même, dans les États du Nord, devant une répulsion instinctive. C'est ce qui fait que dans ces États on a toujours compté très peu de mulâtres.

En continuant dans le Sud à employer les noirs, ces Etats resteront privés de la prospérité que le travail de l'immigration européenne a donnée au Nord: ils végéteront, et, pour une ou deux cultures auxquelles le noir est supérieur au blanc par sa forte constitution tropicale (les sucreries dans la Louisiane et les rizières), les Etats du Sud seront condamnés a une immutabilité qui finira par être mortelle ; ils obtiendront moins de travail que précédemment, et, sans esclaves, subiront encore la triste condition de l'esclavage ; condition rejetée, avec autant de raison, par une saine économie politique que par les lois de la morale et de la religion. Personne ne conteste aujourd'hui que la servitude aux Etats-Unis, si cruelle à l'esclave, était onéreuse au maître par l'énormité du capital engagé. Le travail le moins cher est aujourd'hui celui de l'homme libre.

Alors même que les habitants du Sud chercheraient à relever leurs usines et leurs plantations au milieu d'inextricables difficultés, à l'aide de leurs anciens esclaves devenus des salariés, est-il présumable que les Etats du Nord, dominant au Congrès et enivrés de leur victoire, souffriront cette espèce de séparation dans le travail, quand, à l'exception des deux cultures dont nous avons parlé, les blancs peuvent se livrer à toutes les autres ? Les Etats-Unis ne sauraient être assimilés à nos colonies des Antilles. Sur un continent plus froid que l'Europe à altitude égale, leurs meilleures terres sont placées sous les latitudes tempérées, rapprochées comme climat de celles que cultivent en Europe les Italiens et les Espagnols. Le flot de l'émigration annuelle vers l'Amérique ne se portait que sur les territoires où il n'y avait pas d'esclaves ; la servitude n'était pas plus tôt détruite qu'on voyait accourir en foule les hardis aventuriers de toutes les nations, avides de profiter des nouvelles ressources qui s'ouvraient à l'industrie et à la spéculation. Le gouvernement de Washington laissera-t-il fermer par un travail entaché d'ignominie des sources de richesses destinées à rejaillir sur le pays tout entier ? Rien n'autorise à le penser.

Le Sud, trop heureux en ce moment de ne pas être abandonné à la merci de sa population noire affranchie et mourant de faim, placé qu'il est sous le joug à la fois vexatoire et protecteur du Nord, subira toutes les lois que celui-ci lui imposera, et il n'aura rien de mieux à faire que de s'assimiler à lui complétement. Les noirs nous paraissent donc un fardeau et un embarras pour toute l'Union, et ce ne sera qu'en s'en affranchissant que la fédération deviendra homogène sur une base normale et stable. Le malheureux affranchi n'est pas lui-même sans ressentir le malaise et la fausseté de sa position, tout ce qu'elle a de pénible et de périlleux. Se séparer à jamais des Anglo-Américains est autant dans ses désirs que dans son intérêt ; des deux côtés, l'incompatibilité est égale.

A peine entrés dans les rangs des hommes libres, les esclaves d'hier, indignés d'être privés de l'exercice de presque tous les droits de citoyens, ne pouvant devenir les égaux des blancs, deviennent leurs plus cruels ennemis. Sont-ils bien conseillés, ont-ils tort ou raison ? — Là n'est pas la question.

Elle est de trouver les moyens praticables de se séparer : quand tout le monde est d'accord sur un but à atteindre, il ne peut y avoir de problème insoluble. Le blanc peut se passer de cette malheureuse caste, qui, de son côté, n'a pris aucune racine dans le pays que la cupidité lui infligea; elle n'y tient par aucun lien, et c'est bien elle qui est en droit en dire : « Où je serai bien, là sera ma patrie. »

Les États-Unis, riches d'une population laborieuse que l'immigration augmente sans cesse, ne sont pas comme l'Espagne au XVIIe siècle. Dans ce pays de la paresse, l'Inquisition força l'expulsion de 6 à 7 cent mille Maures, reste des anciens vainqueurs ; ces débris sans chefs, désarmés, soumis ou subalternisés, étaient entièrement occupés de commerce et de la culture des terres. On s'épuisa pendant deux années à transporter ces malheureux hors des frontières, dépeuplant ainsi l'Espagne de ses meilleurs, on peut dire de ses seuls travailleurs. Faute énorme, puisqu'on ne pouvait les remplacer, tandis qu'aux États-Unis on s'enrichira de ces pertes, les expulsés faisant place à une classe supérieure qui réhabilitera le travail sur toute l'étendue de son territoire fertile.

Ce qui vient d'être fait dans ce genre pendant la durée de la guerre civile, est vraiment prodigieux et peut être regardé comme un présage certain de ce que nous venons d'avancer. Les enrôlements militaires privant de bras l'agriculture du Nord et de l'Ouest, on recourut vite aux machines et aux engins venus d'Angleterre ou construits dans le pays, et les récoltes de céréales furent, en 1863 et 1864, aussi abondantes que lorsqu'on pouvait y consacrer tous les immigrants européens nouvellement débarqués. On évalue à plus de cent mille le nombre des puissantes machines qui ont été mises en action dans le courant de ces années. La charrue à vapeur s'y est tellement perfectionnée sur les sols planes et unis, qu'une plantation qui occupait 100 nègres peut être cultivée avec 15 hommes. Cet outillage se compte, il est vrai, par millions de dollars, mais il est encore de beaucoup inférieur au capital qui était engagé avec les esclaves. Ainsi, profit de tous côtés pour cette race énergique qui ose se flatter de ressaisir avant deux ans le sceptre brisé du *roi-coton.*

Pour en revenir aux pauvres nègres, leur assigner des territoires séparés, les parquer dans des cantonnements comme les Indiens, présenteraient des difficultés premières qui seraient sans cesse renaissantes; voisinage insupportable et dangereux en tout temps, à quelque distance qu'on le plaçât. Les rapatrier en les transportant à Libéria serait ruineux et impraticable. Voilà près d'un demi-siècle qu'on a tenté de fonder cette singulière colonie africaine, où des nègres enlevés à leur pays semblaient être venus puiser les lumières de la civilisation au sein de la servitude et apprendre dans l'esclavage l'art d'être libres.

Les développements de cette fondation, dont l'article premier ferme l'accès à tout individu de la race blanche, eussent-ils pris un plus grand essor, qu'elle ne serait en mesure de recevoir qu'une bien petite fraction. Qui payerait les frais de transport, et que ferait-on à Libéria d'une masse d'immigrants sans aucune ressource ?

Précisément à la même époque où la Société de la colonisation des noirs fondait cet établissement de Libéria pour y importer les nègres libres des Etats-Unis, le président James Monroë, n'ayant que peu de foi sans doute dans le succès de cette entreprise négrophile, tout en la protégeant ostensiblement, cherchait de son côté les moyens de se débarrasser de cette population d'hommes de couleur libre. A cet effet l'illustre président fit une offre au gouvernement de Louis XVIII, dont le souvenir m'est revenu subitement. Il y avait près d'un demi-siècle que j'avais été à même d'en acquérir la première connaissance. Je rappelle ces propositions, qui n'eurent pas de suite à cette époque, parce qu'elles me paraissent aujourd'hui se représenter sous un merveilleux jour, avec toute l'autorité d'un précédent et des chances bien autrement favorables sous tous les rapports; elles reposent ainsi sur un principe déjà établi et dont la République fédérale avait pris elle même l'initiative : l'offre faite à la France par les États-Unis de sa population de nègres libres.

Cette grande République, d'une part, voulait se débarrasser de cent mille hommes de couleur, et la Guyane française, d'autre part, cherchait tous les moyens de se procurer des travailleurs de race africaine : une entente entre les deux nations à ce sujet n'avait donc rien que de très rationnel.

Secrétaire du gouverneur de la Guyane en 1820, j'ouvris, à cette époque, la lettre du ministre de la marine qui faisait part de la proposition du président des États-Unis au roi de France. Je n'en ai conservé ni la date ni les termes précis, mais voici un extrait de ce que j'ai publié, en 1822, dans mon premier ouvrage sur les colonies : « Les États-Unis ont environ 100 mille « nègres libres, dont ils se débarrasseraient avec le plus grand « plaisir; ils en ont fait l'offre à la France, qui pourrait les « placer à la Guyane.

« Une population de ce genre conviendrait bien à ce pays « pour le faire fleurir, si elle était facile à conduire et accoutu- « mée à la culture...... Ce projet s'est peu répandu à Cayenne; « il n'aurait fait qu'y jeter encore de la crainte et de la défian- « ce. Le ministre le communiquait au gouverneur, qui a vu tout « de suite, sans le soumettre aux habitants, chez qui de sembla- « bles communications font toujours un mauvais effet, combien « il serait dangereux à effectuer et même à ébruiter...... »

On doit pouvoir retrouver dans les cartons des ministères de la marine et des affaires étrangères les dépêches échangées à ce propos. Comme j'étais fort jeune alors, il est présumable que je suis le seul survivant de tous ceux qui prirent une part quelconque à cette affaire avortée.

Ayant eu, quelques années plus tard. occasion d'en causer avec M. Hyde de Neuville, alors ministre de la marine, que j'avais connu représentant de la France auprès du cabinet de Washington, j'acquis la certitude que le projet était tout-à-fait abandonné, et cependant cet homme d'État remarquable termina sur ce sujet en disant: « Peut-être y aura-t-il là quelque « chose à faire un jour. » Paroles prophétiques, dont les temps sont peut-être accomplis ! Peut-être aussi était-il dans les décrets providentiels que cette mesure fut empêchée alors : « Dans la main de Dieu tout est moyen, jusqu'à l'obstacle. »

Le président actuel des Etats-Unis ne reculerait probablement pas devant le renouvellement de l'offre faite par un des plus démocrates de ses prédécesseurs , s'il était certain qu'elle fût acceptée et mise immédiatement à exécution. Aujourd'hui les propositions sont colossales, et le terrain bien plus brûlant. De notre côté, ce ne serait plus à la Guyane française, livrée à nos malfaiteurs, mais à toutes nos autres colonies et particulièrement à l'Algérie, que nous pourrions procurer les avantages de cette transmigration de trois millions de nègres ; ce serait en quelque sorte un rapatriement sur leur continent, et il n'y a pas à douter que les familles de race de couleur nouvellement affranchies n'acceptassent, avec autant d'empressement que de gratitude, si des conditions raisonnables leur étaient faites et garanties.

Cette opération sur une si vaste échelle, qui ne regarde que les deux nations la France et les Etats-Unis, y trouvant chacune un intérêt séparé et distinct, devra être l'objet d'un traité préliminaire et spécial, définissant bien les conditions et réglementant l'exécution. Les gouvernements n'auront ensuite qu'un droit de surveillance sur les compagnies, déjà formées, à qui incomberont, à leurs risques et périls, tous les frais relatifs à cette grande entreprise. Une commission mixte, nommée par les deux gouvernements, sera revêtue d'un pouvoir tutélaire et omnipotent pour vider les différends qui viendraient à s'élever, de quelque nature qu'ils soient, et pour tenir la main à ce que toutes les conditions posées soient fidèlement remplies, de façon qu'une branche de la grande famille humaine, objet de cette vaste migration, ne soit livrée que sous une tutelle vigilante et paternelle aux risques, dangers et fatigues inhérents à l'entreprise elle-même. Depuis le départ jusqu'à leur placement au lieu de leur nouvelle résidence, rien ne doit être abandonné au hasard et à l'arbitraire de la spéculation. Tous les engagements pris doivent être religieusement observés : il n'est jamais permis de marchander la vie de son semblable ; toute erreur serait blâmable, toute négligence coupable envers une immigration de créatures humaines dont rien ne doit rappeler les horreurs de la traite ni le transport d'un vil bétail. Ce sont des familles dignes de tous les ménagements, qui émigrent volontairement, d'une contrée où elles n'ont plus raison de rester, pour aller peupler et féconder, sous la protection divine et avec toutes les sympathies de la France, une nouvelle patrie où elles sont appelées, attendues, et seront bien accueillies. Les deux puissances contractantes ne peuvent qu'être unies dans ces bons sentiments, et ce traité, loin de devenir l'occasion de difficultés entre elles, amènera au contraire le resserrement des liens qui les ont toujours attachées l'une à l'autre et dont elles sont si bien disposées à se donner de nouveaux gages.

Nous avons déjà exposé la situation faite à nos colonies placées sous la zone torride : les planteurs, liés par les contrats qui leur ont procuré des coolies et des Chinois, n'ont pas de grands besoins jusqu'à l'expiration de ces engagements, et d'ailleurs, comparés à l'importance de l'immigration américaine, que seraient ces besoins ? D'un autre côté, comme elles sont placées sous une autre zone plus rigoureuse, sans être fatale à l'espèce noire, il serait possible que celle-ci fît plus de façons pour s'y laisser transporter, quelque facile et prompte que fût la traversée. En somme, cela se réduirait à des conditions différentes, et nos colonies tropicales des Antilles et au-delà du Cap de Bonne-Espérance pourraient compter sur le contingent de nègres engagés dont elles auraient l'emploi.

Le point principal de l'immigration serait, ainsi que nous l'avons déjà exposé, le territoire algérien. Les nègres habitués au climat de l'Amérique et pliés à ses cultures retrouveraient à la fois les mêmes similitudes de travail et de température ; deux ou trois millions de nègres y arrivant successivement, dans un espace de temps qui ne devrait pas excéder deux ou trois années, pourraient y être employés au fur et à mesure de leur débarquement : c'est ce que nous espérons démontrer plus loin avec la dernière évidence.

III

Il ne faut pas s'exagérer les choses jusqu'à regarder comme impraticable l'Exode de plusieurs millions de créatures humaines sur une échelle qu'on n'a pas vue encore, ni comme nombre ni comme espace à parcourir, et au delà des mers. Au delà des mers ! c'est justement par eau que, ainsi que pour les lourds fardeaux, il est plus facile et plus économique de transporter de grandes masses de population. S'il fallait faire parcourir à cette émigration 1,500 lieues par terre, ce serait à reculer ; mais avec des navires, surtout à vapeur, les difficultés s'aplanissent et deviennent bien moindres que celles des armées de Xerxès ou des hordes envahissantes du Nord, ravageant toute l'Europe pour subsister sur leur passage, et n'arrivant que réduites et épuisées pour être anéanties au terme de leurs excursions sur la terre ferme. La locomotion, qui par terre devrait se compter par mois, ne se compte que par jour, sur mer.

Il existe une Compagnie transatlantique parfaitement organisée, et à laquelle manque encore suffisance de frêt et de passagers, surtout pour les retours ; son capital est déjà imposant ; ses aménagements spéciaux et le personnel de ses équipages sont dressés au transport des immigrants ; elle n'aura qu'à élargir ses cadres et à augmenter la réserve de son capital pour opérer, non plus sur quelques milliers, mais sur des centaines de milliers d'immigrants. Elle en fera les avances, en les embarquant sous contrat, comme elle a l'habitude de faire pour les races asiatiques, et la Compagnie de l'Algérie, au capital de deux cents millions, les lui remboursera sous le nom de *Caisse coloniale*. Il n'est peut-être pas hors de propos de rappeler ici que nos colonies ont établi chacune, sous l'autorité de l'administration publique, une caisse spéciale qui sert d'intermédiaire entre les entrepreneurs d'immigration et les engagistes qui ont souscrit d'avance pour obtenir un nombre déterminé de travailleurs pendant toute la durée de leur engagement. Au moyen de cette comptabilité, l'entrepreneur d'engagements est payé comptant, et l'engagiste obtient terme et délai pour rembourser la *Caisse coloniale* de ses avances ; celle-ci fait percevoir les annuités qui en résultent, comme l'impôt direct, avec les mêmes droits et prérogatives et par l'intermédiaire des agents officiels. On imiterait cette création en Algérie sans le moindre inconvénient, en substituant la grande Compagnie à la *Caisse coloniale*.

Voyons ici l'importance pour l'Algérie d'une semblable introduction de population, qui jetterait une troisième caste entre celles des Européens et des autochtones ; pesons-en tous les avantages, sans redouter les difficultés qu'elle pourrait présenter et les objections qui ne manqueront pas de se produire.

Les Anglais, en prenant, au 17ᵉ siècle, possession du littoral américain, y trouvèrent aussi une nombreuse population indigène, peut-être moins belliqueuse que les Arabes, et n'ayant pas contre les blancs, contre les chrétiens surtout, une haine invétérée, conséquence de leur fanatisme religieux. Mais, sous beaucoup d'autres rapports, il y a des ressemblances frappantes entre les deux races. Les points communs sont malheureusement ceux qui forment obstacle aux modifications possibles pour les entraîner vers la civilisation. Les Anglo-Américains comprirent vite qu'il ne fallait pas persévérer à une tâche qui ne s'accomplirait pas, et, après avoir rendu leurs armes redoutables aux aborigènes, ils les ont refoulés dans des territoires d'où le flot croissant de la société blanche continue à les pousser sans cesse vers les solitudes du *Far West*. Les pauvres sauvages ont dû céder et accepter le prix qu'on mettait à la dépossession de leurs terres, mais ce n'était pas sans protester et souvent dans un langage très-éloquent : « Nous sommes nés, » disaient-ils, « sur cette terre, nos pères y ont été ensevelis; dirons-nous aux « ossements de nos pères : levez-vous et venez avec nous sur « une terre étrangère. »

Ces malheureux Indiens, si maltraités dans les deux Amériques, y diminuent tous les jours, et ceux du Nord, n'ayant pu s'assimiler, autant par leur propre faute que par la répugnance du sang anglais à se croiser avec eux, sont destinés à s'éteindre complétement dans un laps de temps rapproché ; des tribus entières ont déjà disparu.

En sera-t-il de même de la race arabe ?

Un trait caractéristique des tribus de l'Amérique était l'éloignement prononcé qn'elles montraient à emprunter à la civilisation une idée ou un usage. Tout misérable que soit le sauvage, il entretient une superbe idée de sa valeur individuelle, et, tout en subissant notre ascendant, il se croit notre supérieur. Soit orgueil, soit mépris, cet homme primitif ne veut pas agir autrement que ses pères; il ne se transforme qu'à son insu au contact de la civilisation (par le plus mauvais côté généralement), et semble se cramponner à la barbarie comme à un signe de distinction de race. C'est en grande partie la crainte de déroger qui le porte à repousser la civilisation et à se montrer réfractaire obstiné à tout progrès.

L'Arabe est absolument comme l'Indien à cet égard, et sa religion lui en impose en outre l'obligation, puisque cette civilisation ne pourrait être que le résultat d'un commerce suivi avec les *infidèles*. Certainement, l'Arabe n'est pas plus méchant que les scalpeurs de l'Amérique. Il a même quelques vertus qui lui sont commandées par sa loi religieuse et qu'il est tenu de pratiquer envers tous les hommes : l'hospitalité.

Dans les premiers jours de la conquête, la haine contre les chrétiens, qu'on ne connaissait que par les victimes enchaînées dans leur bagne, allait si loin, qu'elle faisait oublier aux Arabes jusqu'aux iniquités que commettait journellement envers eux le despotisme de leurs anciens coreligionnaires les Turcs. On ne saurait mieux formuler cette haine qu'en rappelant les paroles d'un chef arabe à un de nos généraux : « Alors même que vous « feriez bouillir pendant cent ans de la viande de chrétien avec « de la viande de musulman, dans la même marmite, les deux « bouillons ne se mêleraient pas. »

Nous aimerions à croire que, depuis qu'on a été à même de nous apprécier, ce fanatisme farouche s'est affaibli ; mais il en reste encore, et, quoiqu'en décroissance parmi les masses, surtout celles qui vivent au milieu de nous, les chefs et les marabouts en sont encore imprégnés. Il serait pourtant injuste de ne pas reconnaître que le peuple arabe a plus généralement que nous ce qu'on est convenu d'appeler de la religion. Il n'y a que chez les misérables déclassés, encombrant les plus bas étages des villes, qu'on rencontre l'indifférence et l'oubli de la loi du prophète. C'est même par les abus défendus qu'on fait entrer ironiquement dans la civilisation cette variété de parias qui sont la honte et le mépris de ceux de leurs coreligionnaires chez qui ne se révèle pas la trace de cette fréquentation du cabaret, si grand obstacle à toute colonisation.

Il est à craindre que ce fanatisme invétéré des musulmans ou, si l'on aime mieux, cet attachement à leur religion, ne soit un éternel obstacle à une fusion sociale et politique. Plus un culte est austère, plus on y tient, et c'est une bien fausse opinion qu'on s'en est fait généralement, en regardant la loi de Mahomet comme moins rigoureuse que celle du christianisme. Leur carême (*Ramadan*) est presque intolérable ; la circoncision quelquefois mortelle ; l'obligation de prier cinq fois par jour impérative ; le commandement de l'aumône est absolu, comme l'abstinence du vin et du jeu. C'est se méprendre sur le mahométisme, que de le croire tout sensuel, par la raison que le prophète permet quatre femmes légitimes. Loin d'étendre la polygamie, il l'a restreignait au contraire, ne s'adressant qu'à des races asiatiques et judaïques pour qui le nombre de femmes n'avait pas de limites.

C'est dans la différence de religion que nous voyons le plus insurmontable obstacle à la fusion des colons chrétiens avec les indigènes, et nous ne croyons pas que ceux-ci jamais acceptent, sans ronger leur frein, la domination d'un chef chrétien. Rien ne fut plus absurde que le bruit qu'on répandit, au XIIIe siècle que les musulmans en Egypte voulaient faire choix pour leur roi de saint Louis, prince chrétien vaincu et prisonnier, leur ennemi, l'ennemi de leur religion, qui ne connaissait ni leurs langues ni leurs mœurs.

Préservons-nous d'une semblable erreur. Quelque grand, quelque magnanime que le gouvernement impérial puisse se montrer envers les musulmans, jamais ils ne le subiront que contraints et forcés. Leur fanatisme religieux domine tous les autres sentiments.

Nous n'avons jamais entendu citer la conversion d'un indigène en âge de raison à la loi du Christ ; mais en revanche il est une conversion dans le sens inverse que les immigrants placent au rang des calamités publiques, lui attribuant, à tort ou à raison, un caractère aussi hostile que pernicieux aux intérêts de la colonisation européenne.

Nous fûmes toujours les premiers à déplorer (avril 1862) que, contrairement à la proclamation du 5 juillet 1830, on ait confondu après la victoire les régnicoles de l'Algérie avec les Turcs dont ils n'étaient pas les complices mais plutôt les victimes.

Le gouvernement turc du Dey nous avait seul outragés. C'est fort injustement qu'on dépouilla les Arabes de leurs terres patrimoniales, sur le sol qui leur appartenait du droit de premiers occupants. C'était sans ménagement leur imposer toute la rigueur de la conquête. La loi du 16 juin 1851 rétablit en vain les promesses de 1830 : on évitait de l'appliquer au profit des indigènes.

L'Empereur a eu cent fois raison d'insister et de réparer, quoique tardivement, cette grande injustice ; la réparation n'a été que le complément de la liberté rendue à Abd-el-Kader, que nous retenions prisonnier contrairement à sa capitulation. Cette double mesure a eu pour effet de prouver au monde que la *foi punique* n'est pas endémique à l'Afrique, quand la France y a planté son drapeau. Parmi les subtilités avancées pour contester aux indigènes la propriété de leur sol, on allait jusqu'à invoquer *les principes surannés* du mahométisme, à en appeler *aux droits despotiques du Grand-Turc*, qui était, de par le Koran, propriétaire de la totalité du territoire. L'Empereur a noblement repoussé pareille succession, qui ne laissait aux Arabes que l'usufruit, toute la terre étant à Dieu. Et sommes-nous donc dans ce monde, même César, autre chose que de pauvres usufruitiers ?

Mais, en rendant leurs terres aux Arabes, celles qui n'avaient pas été absorbées par le Domaine (*Beylik*) ou les concessions (et celles-ci étaient les meilleures), on en a livré l'exécution à des formes bureaucratiques méticuleuses qui procèdent géométriquement et de façon à éterniser le travail. Nous demandons la permission d'ouvrir une parenthèse à l'appui. (D'après le Rapport officiel de 1863, le Domaine de l'État en Algérie est de 1,386,842 hectares 95 ares 84 centiares et *99 milliares ! !* Cette dernière fraction dispense de tout commentaire.)

Le terrain est-il donc chose de si grande valeur dans l'intérieur de l'Algérie, pour qu'on doive y regarder à *un milliare* de plus ou de moins, alors qu'il s'agit de mesures se rattachant à un but politique dont les effets, pour porter leurs fruits, doivent être promptement sentis : le temps étant beaucoup plus précieux que la terre, c'est à la façon du pays qu'il fallait cadastralement procéder avec les biens de main-morte, sauf à régulariser plus tard, quand la forme n'eût plus emporté le fond. Pour ne pas augmenter ou prolonger le dommage reproché par les colons au gouvernement trop libéral de l'Empereur, il faut surtout se hâter de subdiviser les terres rendues aux tribus, entre les douars et les individus, pour qu'elles deviennent immédiatement transmissibles. Tant que des espaces immenses sont immobilisés dans leurs mains, ils ne rapportent rien, et, bien cultivés, ils seraient d'un bon produit.

Quand les Arabes auront reçus leurs titres individuels de propriété, les transactions seront faciles et nombreuses, et, comme la dit un des plus forts adversaires de la restitution de la propriété territoriale aux Arabes, dont je cite l'autorité avec plaisir : « L'achat aux indigènes coûtera toujours moins que la longue attente d'une concession avec clauses résolutoires » C'est M. le docteur Warnier qui s'est ainsi exprimé devant le Sénat, et personne, en Algérie, n'avait plus qualité à en être écouté que cet éminent colon-publiciste, qui connaît si bien l'Algérie et ne manque jamais l'occasion de lui prouver son dévouement éclairé.

Après la délimitation des territoires arabes, leur subdivision par familles ou individus a encore une autre importance : cette subdivision sera la véritable désagrégation des tribus, seul moyen d'apaisement et d'assimilation. On voit donc combien il est urgent de ne s'arrêter que le plus transitoirement possible à la tribu, et d'arriver tout de suite à la délivrance des titres aux Arabes et à la réglementation administrative prescrite par l'article 3 du sénatus-consulte. Toute halte dans l'exécution de cette grande mesure perpétue un état d'incertitude et de malaise on ne peut plus nuisible, d'aucuns diraient mortelle, à toutes les classes de la société algérienne ; le but étant le lotissement individuel, les deux autres ne doivent être que de forme et traités comme toute mesure transitoire.

Nous regretterions beaucoup qu'en restituant leurs terres aux Arabes, on n'exigeât pas de ces nomades cultivateurs qu'ils fissent au moins un premier acte de propriétaire, en fixant leur domicile autrement que dans en gourbi mobile, qui n'a guère plus d'adhérence au sol que le tonneau de Diogène ; il faut arriver à leur inculquer que la terre, suivant le précepte divin, doit être cultivée par l'homme, et les aviser que le système d'impôts à payer désormais au Sultan qui leur fait une généreuse restitution, sera établi de façon à être, pour l'indigène, comme pour le colon européen, léger à celui qui fera produire le sol, et rigoureux pour celui qui continuera à l'abandonner à la grâce de Dieu. Il n'est pas juste non plus que les terres appartenant aux indigènes restent les seules imposées, surtout frappant lourdement sur les charrues. C'est une des inégalités qui les blessent à bon droit, surtout à présent qu'ils sont *Français*. Ils réclament donc l'assimilation aussi comme contribuables. Mais c'est fort sérieusement que nous insistons, et ce n'est pas la première fois, pour voir renverser le système des impôts qui frappe sur les bons et ne se fait pas sentir aux autres. A l'inverse de ce qui se pratique dans les vieilles sociétés, l'impôt foncier, quand le moment de l'établir sera venu, devra être basé sur la surface, et porter non pas sur les parties cultivées et en rapport, mais au contraire sur celles que l'incurie et la négligence auront laissées à leur état nature : les taxes, les amendes devraient peser sur ceux qui négligent leurs champs, comme on punit le soldat qui abandonne son poste en temps de guerre, et l'on devrait en même temps récompenser ceux qui augmenteraient le produit de leurs terres, surtout après en avoir fait eux-mêmes le premier défrichement. Loin de nous la pensée qu'il fallût pousser le rigorisme jusqu'à prétendre que les pasteurs changeassent leurs pâturages en jardins et en vergers, du jour au lendemain : ce serait de l'absurdité ; mais se borner à exiger d'eux qu'ils laissent au moins trace de présence et de domicile n'est pas déraisonnable.

Labourer ses champs, conduire ses troupeaux, et combattre, telle est la vie des Arabes, et c'est encore la vie des trois quarts des habitants de la terre. Pour parvenir à civiliser un groupe d'hommes quelconque, il faut le fixer avant tout, et ce ne peut être que par des travaux immobilisés ; la vie errante et aventureuse est le plus insurmontable obstacle ; c'est ce qui a rendu de tout temps les peuples chasseurs les plus difficiles à civiliser. Sous ce rapport, l'Indien américain présentait donc plus de difficultés que l'Arabe : celui-ci est pasteur ; l'autre ne l'était pas du tout, il se bornait à chasser les troupeaux sauvages : l'Arabe jette quelques grains dans la terre, l'autre s'est toujours borné à récolter ce que la bonne nature produit d'elle-même. Les pasteurs changent souvent de lieux, mais ces tribus suivent dans leurs migrations un ordre à peu près régulier, reviennent sur leurs pas, et ne sortent jamais du territoire, où elles n'ont pour ainsi dire que des campements d'été et des campements d'hiver. L'Arabe, déjà plus saisissable que l'Indien, le fût devenu davantage encore, si on lui eût interdit, autant que possible, de se livrer à la chasse. Puisqu'on a eu la malheureuse pensée d'édicter en Algérie tout le code cynégétique de la France, il fallait tenir compte de la différence de pays, et se montrer plus rigoureux, plus exclusif envers les aborigènes qu'envers le colon européen, pour qui la chasse n'est qu'un délassement. L'indigène s'y livre plus par paresse que pour autre chose ; c'est pour ne pas travailler, qu'il chasse ou braconne. D'ailleurs, il a toujours été très dangereux de laisser des armes à feu dans les mains des Arabes (qui les ont substituées depuis longtemps aux armes de leurs pères), après en avoir fait plus d'un essai contre nous.

Beaucoup de tribus, dans l'intérieur, nourissent, ainsi que les Peaux-Rouges de l'Amérique, avec lesquels elles n'ont pourtant jamais communiqué, les mêmes opinions que le noble du moyen-âge dans son château-fort, sur les occupations avilissantes du commerce et de l'industrie : la chasse et la guerre leur semblent les seuls soins dignes d'un homme ; ils s'attachent à la barbarie comme à un signe de distinction de leur race, et repoussent la civilisation pour ne pas déroger. N'a-t-on pas vu nos plus illustres ancêtres refuser d'apprendre à lire et à écrire, pour ne pas ressembler à un clerc roturier ? Aussi, là-dessus, un écrivain d'un très rare mérite, frappé de ces rapports, s'écriait-il : « N'est-il pas singulier que ce soit dans les

« forêts du Nouveau-Monde que se trouvent les anciens préjugés
« de l'Europe. »

L'Arabe, malgré ses rapports journaliers avec l'Européen, n'a
guère bénéficié du contact, et devient souvent plus désordonné,
en se rapprochant de la civilisation par les vices. Il est bien à
souhaiter, que, de rien qu'il était hier socialement, *errant, pour
ainsi dire, à l'aventure*, il apprécie sainement le drapeau qu'on
lui tend. C'est le drapeau de la France, noble drapeau qui abri-
tera ses temples et protégera ses croyances et ses lois aussi
bien que les nôtres. Résultera-t-il de ces circonstances, si heureuses pour ces peuplades divisées, une amélioration sentie
par eux et qui imprime au moins à la portion la mieux préparée,
une marche décidée vers les réformes et le progrès ?

Ne voulant pas le refoulement des Arabes et encore moins
leur extermination, c'est la fusion, l'assimilation, dans laquelle
vient d'entrer résolument le gouvernement impérial, qui nous
paraît sans conteste le moyen préférable vis-à-vis des 2,500,000
aborigènes. Près d'un million dans la Kabylie sont déjà propres
à l'accepter. Quoique mahométans, on retrouve chez eux d'anciennes traces du christianisme. Le Koran, d'ailleurs, n'est pas
leur loi civile. Ils rejettent la polygamie, cet immence obstacle
à un rapprochement avec nous, qui voulons la moralisation des
familles et cherchons à relever la dignité de la femme. Leurs
institutions municipales sont électives, plus libérales qu'en
France, et leur législation, comme la nôtre, est empruntée au
droit romain. Berbères ou Kabyles vivent retranchés, pour ainsi
dire ; ils se condamnèrent à n'occuper qu'une très petite fraction
des montagnes pour mieux défendre sur ces points isolés leur
liberté et leur indépendance. Le moyen fut bon contre les Maures et les Turcs pendant plusieurs siècles ; mais tout fini, et,
par la conquête de la Kabylie, en 1857, nous avons prouvé à ces
autochtones que rien ne résiste à nos armes. Leurs forteresses
inexpugnables sont tombées, et c'est nous actuellement qui en
avons élevées en face pour les tenir en respect. Nous les avons
contraints à subir le joug de notre domination, tout en les lais-
sant s'administrer eux-mêmes. Il nous paient, sous le nom de
Lezma, un tribut de vassalité basé sur la capitation.

Cette nouvelle situation, qui fait disparaître leur ancienne
raison d'être, doit les amener à se modifier surtout vis-à-vis d'un
vainqueur généreux, qui, loin de les traiter en vaincus, leur tend
la main et leur dit : « Soyez des nôtres ; fondez votre petite nationalité divisée dans celle d'un grand peuple, qni ne prétend
pas changer vos institutions soit civiles soit religieuses, et qui
modifiera très peu votre constitution politique. Vous vous étiez
condamnés aux rigueurs d'une portion congrue, où tout bien-
être vous manquait : nous avons pénétré au cœur de vos retraites
pour vous l'apporter, en vous engageant à descendre de vos ro-
chers et à venir employer votre activité, votre industrie, sur des

terres de promission où vous croîtrez et multiplierez dans des conditions plus heureuses. »

Les Kabyles seraient d'autant plus accessibles à ce langage et disposés à accepter de pareilles propositions, que ce n'est que par l'émigration et l'industrie qu'ils parvienent à vivre. Comme les Savoyards et les Auvergnats, ils descendent de leurs montagnes, insuffisantes pour nourrrir toute leur population, et vont travailler ailleurs afin de ramasser avec économie un léger pécule qu'ils rapportent au pays. On peut donc avancer qu'une notable portion de la population Kabyle a déjà, par le fait, accepté de vivre en dehors du sol natal, et n'est plus fondée à dire : « Mieux vaut être libre que civilisé. »

Sans doute, quand c'est le peuple vainqueur, celui qui possède déjà la force matérielle, qui y joint en même temps la prépondérance intellectuelle, il est rare que le vaincu se civilise s'il est tout à fait inculte. Il se retire ou est détruit : mais lorsqu'il est arrivé à une demi-culture, qu'il n'a pas des préjugés indéracinables, qu'il a pour première loi le travail, on peut regarder comme assuré qu'il n'est pas loin du progrès qui mène à la civilisation : nous croyons donc les Kabyles, qui sont intelligents et industrieux, sur cette pente favorable, et c'est par eux surtout qu'il faudrait commencer à s'occuper sérieusement de l'assimilation. Ils sont d'autant plus éloignés d'avoir les antipathies prononcées des autres musulmans, qu'ils ont traditionnellement recueilli des notions évangéliques.

Mais qu'on se garde de penser qu'il suffise d'être proclamé Français pour revêtir tout de suite une nouvelle nature ; de pareilles métamorphoses ne sont pas l'œuvre d'un jour : l'on doit beaucoup et longtemps y aider.

Faites naître des besoins, si vous voulez inspirer le goût du travail. Qu'attendre, autrement, d'un peuple excessivement sobre, qui ne mange guère que pour ne pas mourir de faim ? Quoique enfant du désert, il n'est pas de l'espèce humaine qui se distingue de la bête *en buvant sans soif.*

Excepté dans les villes, partout ailleurs l'Arabe est resté aussi primitif que l'Indien des grands bois ; son costume, réduit à une très-simple expression, est toujours le même ; il ne compte pas les jours, comme nous, en s'habillant le matin et se déshabillant le soir : il reste constamment sous les mêmes haillons. On prétend pourtant, d'après les relevés de la douane, qu'il use un peu plus de calicot, changeant plus fréquemment de chemise : deux fois l'an au lieu d'une seule fois. Il n'a pas besoin de lit, et se couche partout où il peut s'étendre pour dormir, ne songeant jamais au lendemain, et gardant peu de souvenance de la veille. Il aime par-dessus tout son indépendance et sa liberté, ne plaçant rien au-dessus du laisser-aller au caprice de ses idées et à la mobilité de ses impressions. Le contraindre à travailler avec suite, à un jour et à une heure donnés, lorsqu'il n'est pas talonné par le besoin, est une utopie. Ce n'est pas à un Arabe que fût jamais venue l'idée que *le temps est de l'argent*. Pour eux, le temps n'est rien, et ils sont bien résumés par leur dicton : « On est mieux assis que debout ; on est mieux couché qu'assis, et on est encore mieux mort et enterré. »

Assurément il n'a jamais été dans la pensée d'aucun des gouverneurs de l'Algérie de subordonuer et encore moins de sacrifier les intérêts de la colonisation française à ceux des indigènes. C'est plutôt l'inverse qui a prévalu : mais ce serait nourrir une étrange illusion, que de jamais compter sur le contingent des trois millions d'indigènes de l'Algérie pour faire rendre à cette contrée toutes les richesses qu'elle renferme.

Par l'art de grouper les chiffres, on arrive, sans avoir l'air de fausser la vérité, à présenter les choses de façon à en donner une idée diamétralement opposée à ce qu'elle doit être. Ainsi a été fait, dans les comptes-rendus officiels, avec les documents à l'appui. On y avance que la colonisation européenne a obtenu 500,000 hectares de concessions, et que la septième partie à peine a satisfait aux clauses résolutoires ; et ailleurs, à propos des indigènes, on affirme qu'ils mettent deux millions d'hectares en culture, sur huit millions à peu près qui vont leur être attribués, y compris les terres de parcours. On se garde bien d'ajouter qu'il y a culture et culture. D'une part, l'hectare du colon est défriché (c'est le travail d'une année, autrement dit trois cents journées, quand il est couvert de palmiers-nains et de broussailles) ; la totalité de cet hectare est labourée et fumée. D'autre part, l'indigène n'a rien défriché : il ne fume jamais et se borne à égratigner, avec sa charrue de bois, les intervalles plus ou moins larges entre les cactus et les palmiers-nains. La force de la vérité finit par emporter le rapporteur officiel. quand il dit : « Aujourd'hui comme il y a mille ans, le laboureur arabe effleure à peine la terre, et y jette sur un sillon unique et sans engrais quelques grains, qu'il abandonne, jusqu'à la récolte, à la protection du prophète. » (*Rapport au Sénat.*)

C'est tout au plus si on peut estimer à un quart la culture d'un pareil hectare. Donc, les deux millions n'équivalent qu'à cinq cent mille comme culture des Arabes, et ce nombre n'est que celui obtenu par moins de 200 mille Européens. Voilà les chiffres mêmes du rapport, mais rétablis sous leur véritable signification.

L'Arabe est faux et menteur ; il n'est pas foncièrement cruel ni méchant. On le dit voleur, et cependant nous ne saurions l'affirmer, n'ayant jamais eu à nous plaindre personnellement, sous ce rapport, de ceux que nous avons bien souvent employés tant au service intérieur qu'extérieur. Voler un chrétien, un *Roumi*, passe, dit-on, pour une œuvre pie, loin d'être un pêché. Les Arabes disent : « Dieu me l'a donné, » tandis que la troupe de Cartouche disait : « Dieu merci ! je l'ai gagné. » La différence vaut-elle qu'on en parle ?

IV

[Ce travail, ainsi que nous l'avons déjà dit, était achevé lors
de l'apparition de la lettre de l'Empereur au maréchal Mac-
Mahon. Si nous en avions eu connaissance avant d'avoir écrit,
il est certain que nous eussions modifié certains passages, au
lieu d'ajouter l'intercallation suivante qui peut paraître former
répétition avec ce qui précède ou ce qui suit.]

« .De meilleurs jours s'annoncent..... » (Napoléon III.)

Une plume imposante vient d'aborder et d'exposer, avec la
double autorité du savoir et de la puissance, la plupart des
plaies qui frappent l'Algérie depuis le jour de la conquête. Ce
n'est pas un blâme ordinaire, c'est plus que de la critique : ce
sont de grandes réformes annoncées; c'est l'éclair devançant
l'éclat de la foudre.

Nous attendons avec espoir et confiance la mise à exécution
du nouveau système succédant et remplaçant tous ceux qui,
jusqu'ici *ont jeté beaucoup de trouble dans les esprits et produit
fort peu de bien pratique.*

Sur les sujets abordés par le puissant écrivain nous nous
inclinons avec respect, heureux d'avoir à applaudir et à re-
mercier; mais, souhaitant avant tout que, sans retard, *l'action
remplace la discussion* sur tous les points si bien élucidés touchant les PORTS-FRANCS, les DOUANES, le DOMAINE, les IMPÔTS,
les CONCESSIONS, LES FORTIFICATIONS ET SERVITUDES MILITAIRES,
L'ADMINISTRATION CIVILE, ETC.

LES PORTS-FRANCS, ouverts à toutes les marchandises et à toutes
les nations du globe, attireront le long cours comme le cabotage
du bassin Méditerranéen, et donneront autant d'animation à la navigation qu'au commerce. Alger, si mort aujourd'hui, deviendra
un port d'escale et de ravitaillement comme Malte et Alexandrie,
quand la voie maritime de l'Asie sera ouverte par le canal de
Suez. On ne peut mieux rentrer dans la pensée de Napoléon Iᵉʳ,
qui voulait faire de la Méditerranée *un lac français* ; rien de
plus propre à vivifier les ports de l'Algérie, à y créer une foire
perpétuelle, que l'exonération complète de toutes les restrictions
maritimes.

LES DOUANES étant supprimées, par suite de la franchise des
ports, on continuerait cependant à y percevoir *l'octroi de mer*,
dans l'intérêt des villes ; ce serait conserver une branche du
système douanier, ce qui serait encore trop. Nous avons aussi
quelque peine à comprendre comment on pourrait admettre en

France *tous les produits de l'Algérie* en franchise, sans être astreint à quelques exceptions, pour le tabac par exemple, sur lequel la régie métropolitaine se montre si impitoyable. Enfin, ce sera encore un heureux progrès celui qui emportera de l'Algérie jusqu'au dernier de ses douaniers.

Le Domaine et ses excès de zèle sévèrement réprimés, feront disparaître une des causes les plus légitimes et les plus véritables de l'éloignement des Arabes, qui ont tant eu à s'en plaindre, ainsi que des rigueurs du régime forestier, sans qu'il en soit résulté aucune utilité réelle pour le gouvernement. On persistait à y appliquer, sans discernement, une législation qui n'avait été faite que pour la métropole.

L'Impôt sera remanié de fond en comble et sera combiné de façon à cesser d'être inégal et vexatoire. Il sera, comme sous la domination turque (qui avait cela de bon,) établi et fixé chez les Arabes pour un laps de temps déterminé de plusieurs années. Il n'excèdera plus les forces des contribuables et n'atteindra plus, comme pour l'étouffer, le principe même du développement agricole.

Quant aux Concessions gratuites, elles sont désormais condamnées, ainsi que la création artificielle des centres européens. On a fait toutes sortes d'abus des unes et des autres, dilapidant à la fois terrains et capitaux ; ceux-là auraient dû être octroyés aux travailleurs, et ne l'ont été qu'aux intrigants et aux favoris, dont la plupart, sans jamais satisfaire aux clauses résulutoires, ont su néanmoins conserver une protection suffisante pour ne pas être dépossédés après l'avoir si bien mérité. L'ère nouvelle dans laquelle nous allons entrer, ne peut, dans aucun cas, donner de si tristes résultats, Elle s'écartera des fâcheux antécédents. pour tout faire rentrer dans un ordre préférable. Les concessionnaires, frappés par l'impôt foncier, *seront forcés de vendre ou de cultiver*. En revisant les concessions, on n'en délivrera les titres de propriété définitive qu'en les diminuant d'étendue. Tout cela est parfait, juste, sans devenir trop rigoureux.

Les Fortifications et les Servitudes militaires ont été développées avec luxe, l'état de guerre justifiant tous les moyens de la défense. Mais, quand le Génie militaire, d'ailleurs si distingué, prend possession, il tient bien et il est extrêmement difficile de lui faire lâcher prise, même alors que la nécessité ne fait plus loi. Le pouvoir suprême est obligé d'intervenir ; c'est ce qu'il a déjà fait, et c'est ce qu'il se propose de répéter pour donner à toutes les villes du littoral le moyen de s'étendre et de se développer, en brisant les réseaux de bastions, de tranchées et des servitudes dont le Génie militaire les a enserrées et particulièrement la place d'Alger.

La Bureaucratie, en France, passe depuis longtemps pour une des plus grandes puissances; il n'est donc pas étonnant qu'elle se soit précipitée sur l'Algérie comme sur une proie où elle pourrait étendre ses nombreux rameaux, avec la ténacité qui la caractérise. Mais l'Empereur, voulant voir de près et par ses propres yeux, ne pouvait manquer d'être frappé en comptant plus d'administrateurs que d'administrés. Pour simplifier, il a résolu de remplacer la quantité par la qualité. L'œuvre, toute méritoire qu'elle est, serait impossible, si vouloir et pouvoir n'étaient unis. Outre la part énorme (près de 4 millions de francs) que prend cette administration civile dans le petit budget colonial, elle enraye les rouages ordinaires des affaires, car il est dans son essence paperassière, pour se donner de l'importance et se faire passer pour indispensable, de compliquer les questions, de les embrouiller, d'en embarrasser et d'en retarder la solution. Réduite à un petit nombre et composée de capacités réelles et éprouvées, l'administration civile fonctionnera mieux, surtout dans la nouvelle direction où l'on veut entrer résolûment. Pour bien rompre avec un passé déplorable et agir sous une impulsion différente, il faut soigneusement expulser tous les vieux éléments. La responsabilité des agents, réduits et simplifiés, ne cessera d'être illusoire que quand un personnel nouveau, peu nombreux et composé d'hommes d'élite, ne dépensera plus son temps et son énergie à l'antagonisme permanent entre le civil et le militaire; antagonisme fâcheux et ridicule, qui devra se transformer en concours d'émulation à la recherche du bien-être général.

En finissant ce chapitre comme en le commençant nous sommes donc autorisé à répéter avec l'Empereur :

De meilleurs jours s'annoncent.......

V

Nous sommes forcé, pour être bien compris de tous, de nous étendre un peu plus sur la situation actuelle de l'Algérie, sur les détails de ce qui s'y fait, sur ce qu'on y devrait faire, et toujours sous la profonde conviction qu'il n'y a pas de colonisation, de développements praticables, et surtout prompts, sans l'introduction de nouveaux travailleurs. C'est l'unique moyen de réaliser les conditions favorables de la colonisation. Hors de là nous ne voyons pas de salut.

La population actuelle européenne est à peu près occupée, excepté bien entendu celle sur laquelle on ne peut compter, qui cherche toujours du travail et n'en trouve jamais; quoique présente en Algérie, cette triste classe n'y est pourtant qu'exceptionnelle; mais elle est aussi nuisible et aussi dangereuse par ce qu'elle dit que par son oisiveté même.

On est en ce moment dans une situation transitoire; tout semble arrêté et se borner aux besoins rigoureusement indispensables de l'existence, chacun ayant l'œil tourné vers l'Empereur et vers la grande compagnie de qui l'on semble tout attendre. Mais il ne faudra pas moins en arriver à attirer, n'importe
d'où, de nouveaux auxiliaires pour le travail; il faut des bras
quelle que soit leur couleur, et pour les avoir, blancs ou noirs,
c'est de l'argent, beaucoup d'argent à dépenser; il est d'ailleurs
évident que ce sera son meilleur emploi, et nous ne voyons pas,
ni les administrateurs de la Grande Compagnie dont les Statuts
ne paraissent pas, comment elle pourrait employer ses puissants
capitaux autrement, sans les compromettre au milieu de la population actuelle. Celle-ci est déjà obérée jusqu'à l'extrême
limite de tout le crédit qu'elle a pu obtenir, de toute la confiance qu'elle a inspirée. Elle a épuisé le vert et le sec et n'a
plus, personnellement ni matériellement, la moindre garantie à
présenter à de nouveaux prêteurs : Pauvreté n'est pas vice.

Il y aurait faux calcul à croire que les noirs, pris en Amérique et dont on aurait la charge, reviendraient à un prix plus
élevé que la dépense de blancs agissant de leur côté isolément
et sous leur propre initiative. Le nègre étant moins grand consommateur sera meilleur marché : un salaire plus faible lui
suffit.

Seulement en les faisant venir en masse d'au delà de l'Atlantique, avec charge du transport, la première mise dehors sera
plus forte au début ; mais les blancs arrivant isolément, sans
protecteurs, sans lien de corrélation entre eux, seront, tout calculé et en voyant de haut, une bien plus grosse dépense ; divisé
et fourni en détail, inappréciable et incalculable, cet argent
sera consommé sans fruit, avec perte de temps et sans rien
créer. Il s'éparpillera sans laisser de traces. C'est ce qui n'est
que trop arrivé déjà.

L'Arabe n'aura pas de répugnance prononcée contre le nègre ; il le regardera travailler sans jalousie et sans faire fond
sur lui comme auxiliaire contre nous. Les nègres, en petit
nombre, qui végètent en Algérie, y sont venus à travers le désert et n'ont pour ainsi dire aucune religion. La plupart, anciens esclaves sous les Turcs, seraient plus volontiers musulmans que chrétiens ; mais tous les hommes de couleur de
l'Amérique, sans exception, appartiennent à notre foi religieuse
dans laquelle ils ont été élevés, et ne connaissent pas d'autre
culte ; ce sera au besoin une garantie d'union entre nous et
d'antagonisme avec les Arabes, contrepoids qui contribuera à
nous permettre la réduction de l'armée d'occupation et des dépenses qui y sont inhérentes.

Aidons nous dans le même sens par le régime imposé aux
Arabes: avec la restitution des terres, désagrégation des tribus;
elles sont évaluées approximativement à 1,200, composées de

10,000 Douars et de 3 à 4 cent mille familles. La plus grande
partie vivent sous des tentes, en communautés errantes et
vagabondes, subordonnées et taillées à merci sous des espèces
de chefs féodaux à qui nous donnons l'investiture de *Délegués
de la France* et que le vrai croyant appelle des *Rénégats*. Im-
posés ainsi aux vaincus par les vainqueurs, ceux-là sont soumis
à ceux-ci et leur resteront fidèles tant qu'ils seront les plus forts,
c'est bien entendu; la désagrégation fournira les éléments au
premier pas vers une démocratie viable; elle sera la ruine de
l'autorité féodale, car nous n'avons cette autorité naturellement oppo-
sante; aussi, comme ces chefs ne sauraient être utiles, il ne
pourraient que gêner la mesure; il sera donc prudent d'éloigner
quelques temps ces serviteurs *de la tente* en les invitant sévèrement à venir se fixer dans les villes du littoral en surveillance
jusqu'à l'accomplissement de cette grande mesure, qui, par une
heureuse et rare coïncidence, est conforme aux désirs et aux
besoins communs des masses dans les deux partis, *Immigrants
et indigènes*, si profondément divisés sur tous les autres points.

Dût-on maintenir encore quelque temps aux chefs actuels des
tribus leurs traitements de fonctionnaires, il y aurait encore
économie, surtout pour leurs malheureux vassaux exploités plus
durement qu'ils ne le seraient par aucune domination étrangère. Nous aimons à croire que le gouvernement a comprimé
beaucoup des désordres et des exactions reprochés aux *Délégués
de la France* sous le titre de *Cheiks*, *Caïds* ou *Aghas*, quoique
récemment encore les tribunaux aient retenti de malversions
très-graves.

Comme on ne peut absolument rien faire pour l'assimilation
des Arabes tant qu'ils sont sous le joug de la Tribu. qui, de
chute en chute, les a conduits à leur état de décadence et de dé-
périssement, il ne faut pas craindre de brusquer le changement
et de *pulvériser* leur vasselage en les relevant aussitôt par la
propriété individuelle et en les attachant immédiatement au sol,
à la commune, pasteurs comme agriculteurs, sur le territoire
du parcours comme sur celui de la culture sédentaire. Une fois
la désagrégation opérée on pourra laisser aux indigènes, réor-
ganisés communalement, avec des interprètes initiateurs, la
nomination de leurs Cheiks et Cadis, qui ne seront après tout que
des officiers municipaux et judiciaires.

La suppression des bureaux arabes sera la conséquence de la
fusion des races et de l'effacement des lignes de démarcation
entre les territoires civils et militaires ; peut-être les bureaux
seront-ils maintenus encore provisoirement et avec une autorité
amoindrie sur ces derniers territoires ; mais il est bien certain
que l'on n'arrivera jamais à l'apaisement complet sous un état
de siège permanent comme celui des territoires militaires. Quoi
de plus singulier que de voir de jeunes officiers, pleins de zèle
et d'honneur sans doute, mais sans expérience des affaires, nou-

vellement sortis des écoles militaires, et qu'on investit tout de suite de fonctions militaires, civiles, législatives, judiciaires, financières, etc.; comme un ancien prêteur romain en mission, fonctions qui sont remplies en France par des hommes spéciaux vieillis au métier, chacun dans une branche différente. On peut se figurer ce qui doit sortir d'un pareil cumul sur une jeune tête, au début de sa carrière publique.

Plus vous restituerez de liberté aux indigènes quand ils seront affranchis de leurs anciens liens de cohésion féodale, plus vous pourrez vous attendre à les voir revenir vers vous. Ils demanderont peut-être ce que vous aurez cessé de leur imposer : le soin de les administrer, de les juger ; vous vous garderez bien d'accepter, tout en maintenant avec sévérité le paiement des taxes ; mais qu'ils en connaissent d'avance la quotité, et que la répartition en soit faite par eux-mêmes, non plus par tribu, sous l'arbitraire d'une autocratie supprimée, mais par commune, publiquement et sous le contrôle de leurs élus. Sachons les convaincre que nous sommes d'honnêtes collecteurs d'impôts et non pas des concussionnaires, comme leurs chefs nous en ont si souvent fait la réputation parmi les contribuables indigènes victimés.

Enfin, que faut-il pour première assise de colonisation, sur n'importe quel coin du globe ? L'indépendance, la garantie de la propriété, la liberté de l'exercice et de l'initiative de ses propres facultés. Pour l'indigène comme pour le colon, nous demandons qu'on se borne à maintenir la paix et l'ordre parmi eux, la force dans une main et la justice dans l'autre ; mais pas d'administrateurs qui s'immiscent dans leurs affaires — ils ont la réputation méritée d'être ennuyeux et tracassiers — des soldats et des juges, pour que l'ordre soit maintenu et que les droits de tous soient protégés et défendus.

Le plus grand, le plus réel obstacle au peuplement de l'Algérie a été le joug de l'administration qu'on a prétendu lui imposer, soit civile soit militaire, à l'aide des *Inspecteurs de Colonisation* et des sous-lieutenants de l'armée. Quand on émigre pour aller fonder une nouvelle société, le premier besoin éprouvé est l'administration en commun de ses propres affaires, l'exercice d'une pleine autorité qui ne relève d'aucune autre. Ce besoin d'indépendance personnelle ou en famille, fût-il plus imaginaire que réel, fait supporter bien des misères — Il peut suppléer à tout ce qui manque !

En présence de cette disposition bien constatée de l'esprit humain, on peut s'étonner à bon droit que notre gouvernement n'ait cessé de coloniser à grand renfort de fonctionnaires de tous les ordres, alléguant sans cesse pour justification que Saint-Domingue et le Canada ont suffisamment prouvé au monde que le génie de la colonisation n'est pas étranger aux Français. Il est certain que si nous ne finissons rien, nous commençons beaucoup. L'Algérie est à peine ébauchée, et nous voilà avec plus d'un million de nouveaux sujets cochinchinois. Le principe machiavélique de diviser pour régner est d'une application au moins hasardée pour coloniser.

Non, ce n'est pas non plus avec les fonds du budget de l'Etat que les colonisations doivent être entreprises. Il ne doit que les travaux d'utilité générale. Avec les cent millons qu'il vient d'emprunter, il pourra énormément faire et *achèvera*, dit-on, l'*Algérie*, cette pauvre Algérie qui, depuis les Romains, est restée dans un état complet de dilapidation.

Qu'on s'efface ensuite quand les grandes compagnies vont se mettre à l'œuvre. La métropole n'aura plus à se plaindre de ce que lui coûte l'Algérie, et celle-ci, sous la pression grandissante des intérêts privés, se peuplera et produira un chiffre d'exportation arrivant à équilibrer celui des importations: un étranger, quelque illustre qu'il soit, n'osera plus en dire, s'appelât-il Cobden: « Magnifique pays ! mais en pleine banqueroute. »

Déjà la France fait un commerce d'échange avec cette colonie, dont la balance surpasse celle de toutes les autres colonies réunies. Si l'on abaisse les barrières entre la métropole et la conquête africaine qu'on a qualifiée de *prolongation de la France*, dût-on pour l'obtenir sacrifier la culture du tabac qu'on rend chaque jour moins profitable aux planteurs, les deux pays y puiseront une nouvelle et fructueuse facilité d'échanges et de communications. Plus de douanes entre les deux rives méditerranéennes; qu'on proclame à la fois la liberté du commerce et la franchise absolue du port d'Alger, qu'il soit ouvert à toutes les nations, et l'on retrouvera dans la vie et le mouvement d'un port dont le vide est aujourd'hui effrayant, les quelque cent mille francs de droits de tonnage maintenus partiellement envers et contre tous, joints au produit de la taxe du *droit de mer*. un peu productive sans doute, mais aussi gênante que vexatoire. Dans l'impatience de demander tout de suite les revenus à l'impôt dans un pays naissant' le fisc s'assimile au cultivateur avide et inexpérimenté voulant, aux dépens de l'avenir, jouir trop tôt de ses jeunes plantations.

On a souvent prétendu que les Arabes ne seraient nullement fiers d'être Français: c'est encore une erreur. On avait bien dit, avec autant de légèreté, qu'ils ne tenaient pas à leurs terres, et lorsqu'on a voulu tenter un essai de cantonnement par lequel on leur laissait gratuitement les quatre cinquièmes de leurs terres de parcours, ils se portèrent bien vite acquéreurs du dernier cinquième, que le domaine avait mis en vente publique aux enchères, et tout ce qui ne leur fut pas adjugé fut par eux pris à ferme immédiatement. Voila un fait patent qui porte avec lui son enseignement. C'est par lui que l'Empereur fut déterminé à octroyer la totalité de leurs terres à leurs anciens tenanciers, si *méchamment* menacés par le cantonnement. Ce n'est pas sérieusement que les colons Européens ont accusé le gouvernement de vouloir retourner contre eux le principe de *cantonnement*, parce qu'il leur a prêché la centralisation.

En recevant le titre de Français, les Arabes ne veulent pas avoir l'air d'être aussi fiers de ce *compelle intrare* que le chauviniste autour de la Colonne, et nous avons suffisamment expliqué plus haut les raison d'orgueil et d'ignorance qui portent le sauvage, comme la sottise personnifiée, à ne rien voir de supérieur à lui, mais insensiblement, et à mesure qu'il en sentira le bénéfice, il bénira, non pas la main impériale — jamais — mais Allah et Mahomet, qui lui ont valu cette fortune, dont il se servira bien ou mal, toujours d'après le dogme fataliste, sous l'inspiration de Dieu et du Prophète : tout n'est-il pas écrit? *Quod scriptum scriptum.*

Du moment que l'Arabe est Français, il nous doit l'impôt du sang, qui sera un des plus actifs moyens de civilisation. Sept ou huit mille Arabes transportés en France tous les ans n'y seront que leur quote-part du recrutement général. Il en reviendra, après les sept premières années, à peu près autant, qui seront libérés, et c'est alors qu'ils entretiendront leurs co-religionnaires de tout ce qu'il y a de merveilleux dans la métropole ; ils parleront français et auront éprouvé la douceur de nos mœurs ; ils se seront inspirés, au milieu de nous, de ces mots magiques d'*Honneur* et de *Patrie*, ne soupirant plus désormais qu'à vivre et mourir sous les drapeaux où ils peuvent trouver à présent, eux aussi, le bâton de Maréchal. Ils sont reconnus excellents soldats, et leurs preuves ont été faites sur les champs de bataille de Crimée et d'Italie, à côté de nos meilleures troupes. Mais ce ne sera jamais en Algérie qu'il faudra utiliser ces régiments, comme on fait jusqu'à présent avec les spahis et les turcos, et pour des raisons inutiles à déduire. Ce seront des otages (otages bien précieux auxquels il est étonnant qu'on n'ait pas encore songé) à garder au milieu de l'armée ou à envoyer servir comme *Infanterie de Marine*, dans les sables du Sénégal, à Madagascar ou à la Guyane. Ces climats, toujours dangereux pour des Européens, ne le sont pas pour des Africains, et il y a partout de la gloire à acquérir (1).

En promulguant la loi de recrutement obligatoire pour les indigènes, il faudra relever aussi les Français nés en Algérie de cette exemption du service militaire, qui n'est basée sur aucune loi et ne leur a été accordée que comme colons-miliciens,

---

(1) Cette conscription sera-t-elle d'ailleurs autre chose que la mise en pratique des expressions si nobles et si touchantes de l'Empereur? « J'aime « mieux utiliser la bravoure des Arabes que de pressurer leur pauvreté. »

toujours par assimilation avec nos vieilles colonies tropicales, où l'on laissait les enfants créoles pour la défense d'un territoire éloigné, comme auxiliaires, — sous le nom de milice, — des garnisons militaires entretenues par la métropole.

Mais en imposant ces nouveaux devoirs, il ne sera guère possible, ne fût-ce que par pudeur, de ne pas restituer aux Français habitant l'Algérie les droits politiques qu'ils ont perdus dans la mère-patrie, sans les retrouver au-delà de la Méditerranée. L'équité de cette dernière mesure, dût-elle faire ajourner l'autre, que nous devons insister à les présenter comme inséparables.

Ce n'est pas devant l'Auguste historien de Jules César, ce n'est pas en face du vainqueur de Solferino, que nous nous hasarderions à discuter la base qu'il serait préférable de donner, en Algérie, à notre armée d'occupation. Pour l'éloigner du littoral, tout le monde est d'accord ; mais un grand nombre de bons stratégistes avaient pensé que la ligne du Sud saharien était préférable à la lisière méridionale du *Tell,* où l'on penche à l'établir. Il en résulterait que les plus hardis pionniers de la colonisation, ceux qui avaient planté leur drapeau en avant et qui s'étaient éparpillés autour de nos divers établissements militaires, dans le Sahara Oasien ou dans ses steppes, se trouveraient sous une protection moins efficace. On en a conclu tout d'abord que l'invitation qui avait pu être faite à ces aventureux colons de se replier sur le gros de la colonisation pour s'y concentrer, était un avant-coureur de l'abandon complet de la zone du Sud à l'effet de se borner à l'occupation restreinte. Il ne s'agirait au fond que de confier l'administration aux chefs indigènes qui deviendraient ainsi des feudataires payant tribut à la France, toujours sous la surveillance, mais non plus sous la suprématie des bureaux arabes. Entre abandonner le territoire en renouvelant les fautes du traité de la Tafna et ce que l'on se propose de faire, il y a un abîme. Il n'en peut résulter qu'un Français n'aura pas le droit d'y vivre et d'y travailler ; mais, comme colon, il y sera naturellement moins aidé, moins secouru, moins assisté qu'il ne l'était précédemment dans le voisinage d'une administration composée de ses concitoyens et de ses coreligionnaires. Ce qu'il y perdra sera peut-être suffisant pour l'engager à changer sa tente de place, surtout avec l'aide et l'assistance qui lui est offerte en même temps qe'une bonne indemnité et tout ce qui pourra le dédommager de la perte que les nécessités politiques lui auront infligée.

Mais c'est être par trop alarmiste que d'avancer qu'il sera abandonné à son propre sort, comme s'il avait renoncé ou perdu la qualité de Français. Dieu merci! sur quelque point du globe que nous habitions, et à plus forte raison sur une terre dont la suzeraineté ne cessera de nous appartenir, il suffira de décliner notre glorieuse nationalité pour que notre personne et nos propriétés soient respectées comme l'était jadis le citoyen du peuple-roi disant simplement : « *Civis romanus sum.* »

Nous ne quitterons pas le terrain des réformes sans rappeler, encore et toujours, l'importance de l'inamovibilité de la magistrature, dont loin de vouloir diminuer la tâche, au milieu du mouvement rapide et croissant des intérêts individuels, on doit chercher à accroître la puissance et la considération par l'indépendance du juge. Sans elle pas de bonne justice, et sans justice pas de colonisation possible. L'institution du jury, bien désirable aussi, n'a pas le même caractère d'urgence, et son organisation présente d'ailleurs une impossibilité matérielle, comme pour l'exercice de principe électoral, tant que la population française est si faible, et que la fusion de toutes les races à nationaliser n'est pas accomplie. Son jour se lèvera plus tard.

Quant aux charges judiciaires et ministérielles, elles sont la propriété de l'État. Pour gérer une étude d'avoué et de notaire, par exemple, on nomme un agent sous la dénomination de *Défenseur* et de *Notaire*. Il en est de même pour les commissaires-priseurs, les huissiers, etc., etc. Ils sont toujours révocables et on les traite absolument comme des fonctionnaires publics. Les charges ne leur appartiennent pas et n'offrent par conséquent au client aucune garantie; et il faut pourtant leur confier son honneur et sa fortune! C'est sur la moralité et la capacité seules que ce système des charges publiques a été établi. L'État, à qui appartiennent les offices, n'est nullement responsable des faits de ses agents. Tout cela appelle de grandes réformes; on s'en occupe et on ne saurait les effectuer trop tôt. La siuation actuelle est intolérable.

VI

Nous l'avons déjà dit : Le système des concessions a fait son temps et il n'a rien de regrettable. Sur un demi-million d'hectares concédés, combien d'hectares ont-ils été directement octroyés aux travailleurs véritables? — On ne le dira pas, on ne le saura jamais. Tout en convenant que, sur les 25,000 concessions accordées, c'est sur le septième au plus que les obligations du cahier des charges ont été remplies, à combien a-t-on appliqué les clauses résolutoires? A moins de 2 pour 100 et aux pauvres diables privés de protection — toujours indulgent aux grands, dur et impitoyable aux petits.

Ce gaspillage des terres sous tous les régimes civils et militaires qui se sont succédé depuis 35 ans, est la cause capitale de l'insuccès d'une colonisation dont les premiers pionniers n'y ont pourtant ménagé ni leurs sueurs ni leur sang. On compte, il est vrai, des concessionnaires privilégiés qui, sans avoir mis le pied en Algérie, y ont obtenu de vastes terrains qu'ils louent tels quels aux travailleurs qui les exploitent pendant que les titulaires en mangent les revenus en France. C'est un mal identique à celui qui crée la misère en Irlande. Pour être sur une moindre échelle, il n'en est pas moins, vu l'élévation de l'intérêt de l'argent dans ce pays, une de ses plaies vives.

La variété des concessionnaires est infinie ; s'il en est qui sont en instance depuis des siècles pour obtenir leurs titres de propriété, ayant rempli toutes les obligations qui leur incombaient, il en est d'autres au contraire qui s'opposent (le croirait-on ?) à ce qu'on leur délivre ces titres définitifs qui les exposeraient aux saisies de leurs créanciers. Il sera de justice distributive de faire jouir ces immigrants de l'exception qu'on veut introduire en faveur des indigènes, pour les abriter contre leurs dettes antérieures à la constitution de la propriété résultant du sénatus-consulte du 22 avril 1863.

Qui dit monopole, dit absence d'émulation, de progrès, et jouissance paisible de priviléges Le gouvernement est entré dans la fâcheuse voie de payer plus d'un million annuellement aux Messageries impériales pour faire le transport des dépêches et de ses passagers entre Marseille et Alger. Aussi les besoins deviennent-ils plus impérieux, les tarifs baissent-ils partout, les moyens de transport se perfectionnent-ils dans leurs emménagements et dans leur marche, que tout cela est et demeure étranger aux monopoleurs. Abrités derrière leurs priviléges, ils défient toutes les concurrences, restent sourds aux réclamations et se gardent bien de toucher à un état de choses qui leur constitue d'énormes bénéfices sans risques et sans partage. Nous sommes réduits à de lourds bateaux à traversées moyennes de quarante-huit heures et plus, à garder Marseille comme port d'attache, tandis que, par tout autre port plus à l'ouest, nous aurions moins de nœuds à filer, des passages de 32 à 36 heures, et l'on éviterait le *golfe du Lion*, le plus terrible morceau de la traversée. Les chiffres du passage, beaucoup trop élevés, restent immuables ; survient-il un accident ou quelque avarie à un des bateaux de la ligne, limités à un trop strict nécessaire, on ne se gêne pas et l'on remet le départ au lendemain. Lettres et passagers attendront. On se traite sans façon, comme gens habitués à vivre ensemble et à se faire de mutuelles concessions, aux frais et dépens du pauvre public. Vous voulez peupler l'Algérie et vous reculez toujours devant les mesures propres à atteindre ce but. Pourquoi tant de navires de l'Etat restent-ils à chasser sur leurs ancres dans le port de Toulon, au lieu de se mettre en mouvement perpétuel de va et vient avec l'Algérie ? Est ce pour ne pas brûler quelques tonnes de charbon ? Bien mauvaise économie ; quand les chaleurs commencent à se faire sentir en Algérie, il fait beau voir le sauve-qui-peut des fonctionnaires. Les

passages gratuits, pour eux et leurs familles, ne manquent jamais de surcharger le budget ; pour les autres, il n'y en a
jamais, et c'est sur eux qu'on se refait des passages officiels que
les monopoleurs sont forcés de donner à prix réduits ; on
s'éloigne toujours de plus en plus de ce que nous demandions
~il y a quelques années, en ces termes bons à rappeler : « Sans
« entraver en rien la liberté individuelle, prodiguez les plus
« grandes facilités pour aller à Alger, et gardez les difficultés
« pour en sortir. Qu'à l'heure du départ de France du navire, il
« suffise d'avoir un pain de deux kilogrammes sous le bras pour
« prendre passage sur le pont, et y avoir droit seulement à la
« ration d'eau douce jusqu'à Alger, où l'on débarquera sans
« autre formalité, et comme si l'on venait de traverser simple-
« ment un viaduc affranchi du péage. » C'était le moyen d'atté-
nuer, du moins en partie, l'inconvénient reproché à l'Algérie
d'être trop près de la métropole, tout en lui conservant d'un
autre côté les avantages résultant de cette proximité.

On avait officiellement annoncé, il y a déjà plus d'un an, un
service-public de la côte algérienne, de l'Est à l'Ouest et *vice
versa*, qui commencerait le 1er janvier 1865. On n'a pas donné
suite à ce projet ; mais il paraît à peu près arrêté, depuis le
voyage de l'Empereur, que l'on va s'en occuper plus sérieusement. En attendant, on continue le service bi-mensuel à l'aide
des bateaux de l'Etat qui embarquent ce qui ne tient pas au
monde officiel, comme du bétail, sur le pont et avec très peu
de bagages et absence de marchandises. C'est excessivement
contrariant pour le commerce, qui ne cesse de s'en plaindre. Ce
malheureux pays est sans émulation : toutes ses forces se dé-
pensent entre le Ministère de la Guerre et le Gouvernement général, entre militaire et civil, régnicole contre colon ; antagonisme toujours et partout. Chacun tire de son côté, propose ses
idées, décrie celles du voisin et ne cherche, au milieu de tout
ce cahos, que la satisfaction de ses propres intérêts, fussent-ils
aux dépens de l'intérêt général. Nous avons cependant à la tête
de la colonie la plus grande illustration militaire et l'honnête
homme que l'opinion générale avait appelé de tous ses vœux et
désigné elle-même au choix de l'Empereur. La crainte qu'on a
eue un moment de le perdre, ne le rend que plus cher et plus
précieux au pays tout entier.

Avec tous les éléments de succès, comment s'expliquer que
tout le monde soit mécontent et qu'on ose désespérer ?

L'introduction d'une troisième classe de travailleurs sera tout
à l'avantage de la pacification et préviendra, jointe à l'ensemble
des autres mesures, tout soulèvement des indigènes. Rassuré sur
ce point, il n'y aura plus besoin d'entretenir sur le pied de
guerre une si nombreuse armée, seule cause des sacrifices
qu'on reproché toujours à l'Algérie d'imposer à sa métropole.
Il faut surtout des forts bien approvisionnés, reliés entre eux

par de fortes colonnes mobiles, et une répartition plus centrifuge du contingent militaire. Le littoral se garde lui-même. On devrait y renforcer le corps de la gendarmerie pour maintenir le bon ordre intérieur et réprimer les écarts d'une population mélangée que nous ne donnons pas comme irréprochable. Elle doit s'accroître encore et nécessitera, surtout dans les premiers temps, une surveillance très active et la création forcée d'ateliers disciplinaires. L'oisiveté est le plus grand des dangers ; mais les ramassis d'individus, sans autres liens de cohésion que le désordre des passions, ne présentent jamais les mêmes périls que le fanatisme invétéré.

Avec le temps, et lorsque tout le monde aura pris la place qu'il doit occuper, ces trois races se fondront insensiblement et mieux que deux seulement. Sans arriver tout de suite à ne former qu'une seule et même famille, ce qui est l'œuvre des siècles, elles deviendront toutes intéressées au bon ordre, sans lequel il n'y aurait de prospérité pour aucune. C'est alors qu'on pourra entrevoir peut-être l'âge d'or où la France ne sera plus représentée militairement en Algérie que par quatre hommes et un caporal.

Nous devrions peut-être nous étendre encore ici sur quelques détails qui — sans être entièrement neufs sur la façon dont l'Algérie a été comprise et administrée, à la suite de *quinze systèmes d'organisation, l'un renversant l'autre,* — rentrent parfaitement dans le sujet, surtout en plaçant à côté les améliorations indiquées par l'expérience et signalées par les meilleurs esprits. Le faisceau de ces imperfections est d'une grande importance, et chercher à y remédier est puissamment concourir au bien-être général. Mais nous préférons nous renfermer dans la question capitale, dans ce qui domine tout : le peuplement.

Sur une superficie presque égale à celle de la France, sur près de 60 millions d'hectares, végète une population mêlée d'environ trois millions d'individus, c'est-à-dire offrant presqu'à chaque tête une vingtaine d'hectares. De ce nombre il faut retrancher une forte quantité de terres improductives, mais enfin le tiers au moins est susceptible de bonnes cultures ; et quand en France chaque hectare nourrit plus d'un habitant, il serait bien extraordinaire qu'en demandant au sol africain, reconnu si fertile, le quart de ce qu'il devrait produire, on ne parvînt pas à y faire vivre, dans une abondance au moins égale, six millions d'agriculteurs ou de pasteurs.

Nous ne voulons pas que l'immigration soit un ramassis d'individualités d'un seul sexe (*il n'est pas bon que l'homme soit seul*) mais au contraire et autant que possible nous la voulons composée de ménages. Des hommes sans compagnes ne se fixeraient que temporairement, avec l'esprit inquiet de changement et l'œil constamment tourné vers un autre avenir, car ce n'est pas en Algérie qu'ils trouveraient à se mettre en famille et à y faire souche. D'ailleurs la plupart des hommes de couleur sur les habitations avaient déjà, étant esclaves, des *femelles* et des *petits*. Venant ici avec *femmes* et *enfants*, ces auxiliaires, appliqués aux travaux les moins durs, compléteront fort utilement les ateliers, indépendament de tous les autres emplois auxquels ils peuvent être affectés, et avec d'autant plus de facilité que la femme arabe est tout à fait nulle et que ses enfants y sont déjà élevés dans cette paresse et ce désœuvrement qui doivent faire plus tard le charme et les délices de leur âge mûr. On compte d'ailleurs beaucoup sur les nègresses pour le service intérieur domestique, qui est dans leurs habitudes, et qui, déjà difficile partout, est plus imparfait en Algérie qu'ailleurs.

L'incommutabilité des terres rendues en toute propriété aux indigènes, n'empêchera en rien les grands travaux. S'ils prennent cette restitution pour l'immutabilité de l'inculture, ils se trompent fort, et l'expropriation pour cause d'utilité publique, parfaitement réservée par le sénatus-consulte, telle que les arti- 18, 19 et 20 de la loi du 16 juin 1851 l'ont formulée, leur prouvera qu'ils n'ont pas le droit de laisser perdre sans fruits les dons de la providence et que, à leur défaut, d'autres hommes peuvent travailler la terre à la sueur de leur front. Le gouvernement l'a nettement déclaré : « Moyennant une juste et préalable « indemnité on opérera sur le territoire des Arabes toutes les « distractions qui deviendront nécessaires. »

Reconnaissons donc dès à présent deux faits principaux :

1° L'existence de plus de terres qu'il n'en faudra à la population même doublée ;

2° L'insuffisance des bras actuels pour les exploiter.

D'accord sur ces deux points, la situation présente du pays permet-elle de recevoir une forte immigration qui puisse y vivre et y travailler immédiatement. ?

Nous pouvons hardiment répondre que rien ne s'y oppose, et même sans avoir besoin de recourir dès à présent aux réserves de l'expropriation, ainsi qu'il va être démontré.

VII

Voici un aperçu bien véridique, quoique bien incomplet, des travaux à exécuter, et pour lesquels nous restons plutôt en deçà que nous ne nous portons au-delà de tout ce qu'il y aura a faire. Or, on peut déjà conclure qu'il y aura à la fois emploi sûr et productif d'un capital, fût-il de 200 millions de francs, et d'une immigration échelonnée de travailleurs, dût-elle s'élever à plusieurs millions d'individus avant trois ans, répartis intelligemment et sans temps d'arrêt.

1° CHEMINS DE FER.

Achever la grande ligne déjà concédée et commencée. Faire le tracé et les terrassements des ligne perpendiculaires à la mer et des autres embranchements.

2° GRANDES ROUTES ET CHEMINS DÉPARTEMENTAUX ET VICINAUX.

Une très faible partie est déjà ouverte; d'autres, et c'est le plus grand nombre, ne sont pas encore à l'état d'entretien. Urgence très-prononcée à cause de l'exportation des produits de l'intérieur actuellement grevés de frais de transports et de circulation qui frappent de non-valeur ce qui n'est pas consommé sur place.

3° RÉSERVOIRS, PUITS ARTÉSIENS ET AUTRES, AQUEDUCS, ETC.

Il est avéré, par des statistiques irrécusables, qu'il tombe plus d'eau en Algérie qu'en France dans le courant de l'année : mais si on a trop d'eau l'hiver, on n'en a pas assez l'été. Il faut donc en faire une répartition industrielle pour y recueillir et y emmagasiner les eaux devant servir l'été aux arrosements sans lesquels toute culture perfectionnée est impossible.

Ce sont de très-grands travaux que ces lacs artificiels nécessiteront ; mais aussi quelle richesse ! La propriété privée creuse elle-même les puits et les norias ; mais l'Etat doit des abreuvoirs, des puits jaillissants et des fontaines multipliées davantage sur les routes et dans les centres de population, enfin, les rerecherches d'eaux doivent être incessantes dans *le pays de la soif*.

4° BARRAGES, CANAUX DE DESSÉCHEMENTS ET D'IRRIGATION, DRAINAGE, ETC.

Les barrages de tous les cours d'eau pendant l'hiver seront les sources de l'été. On ne doit plus laisser se décharger dans la mer que les eaux surabondantes de la saison pluvieuse qu'on ne pourra pas retenir ; mais il faut des barrages solides, des endiguages en maçonnerie, qui, par leur rupture, (comme cela s'est malheureusement vu) ne changent pas un bienfait en calamité publique. Ce sont des œuvres d'art à multiplier et à ne pas négliger dans leur construction et leur entretien, quand on aura suffisance de bras au travail.

Les canaux de désséchements de marais touchant aux questions de vie et de mort pour les colons, doivent passer avant ceux de simple irrigation ou de drainage ; mais aucun ne doit être ajourné, La plupart de ces travaux une fois exécutés par l'Etat, pourront être remis à des associations syndicales là où la population agricole sera assez dense pour pourvoir elle-même, avec ou sans subvention, aux frais d'entretien et de conservation des travaux, soit de désséchement, soit d'irrigation.

Les travailleurs noirs appelés *nègres de pelle*, habitués déjà à fouiller les terres basses en Amérique, ne risquant rien, en aucune saison, des émanations du sol qui sont pestilentielles pour les blancs au creusage et au curage des canaux en terre vierge, il y aura là un fort contingent des nouveaux immigrants à y appliquer sans désemparer, dans les trois provinces.

5° Défrichements des terres et des forêts, Reboisement des montagnes.

Les 900,000 hectares cultivables que possède encore le Domaine pourraient occuper à eux seuls, pour être défrichés et livrés à la charrue, un million de travailleurs pendant une année. Nous avons déjà posé le calcul reconnu de 300 journées au moins par hectare pour débroussailler, surtout quand il y croit des palmiers nains. L'état possède aussi dix-huit cent mille hectares de forêts dont il faut se hâter d'aménager les coupes régulières. Abattre les vieilles forêts qui, sans profit pour personne, se consument sur pied de toute éternité, et replanter de nouveaux arbres, tel'es sont les pratiques suivies dans les colonisations bien entendues. Rien qu'à ces travaux, qui se payeraient par le bois en assurant à l'avance des voies de communication faciles et économiques, et en livrant à la culture un sol saturé d'un excès d'humus le dispensant de tout engrais, on aurait l'emploi lucratif de milliers de bras pendant plusieurs années. Dans la répartition des cent millions fournis au gouvernement par la Grande Compagnie, le reboisement des montagnes est compris pour quinze millions.

6° Cultures diverses.

Il faut laisser les indigènes à leur manière de faire reproduire l'orge et le blé dur, leurs deux principales cultures. Nous avons vu que pour éviter de défricher ils ne semaient leur grain que dans les lacunes que leur abandonnaient les plantes rustiques ou parasites.

L'introduction des charrues perfectionnées à vapeur, encore inconnues en Algérie, facilitera beaucoup la culture du coton dans les plaines qui ont déjà fait leurs preuves comme très-propres à ce textile. Justement, la plus grande partie des immigrants proposés étaient uniquement consacrés à la culture du cotonnier sur la terre par excellence pour approvisionner le monde entier. La totali'é des nègres des Etats-Unis, appliquée au coton, n'en ferait jamais au-delà de la commission généi ale; mais le sol de l'Algérie, tout complanté de cotonniers, s'épuiserait et ne laisserait pas ensuite assez d'espaces aux autres cultures très-avantageuses, telles que la vigne et les fourrages. Il faudra un aussi équitable partage pour les terres que pour les bras.

7° PLANTATIONS D'ARBRES FRUITIERS ET DE VIGNES.

En défrichant les forêts naturelles il est très-utile de reboiser les montagnes avec des essences de bois forestières et domestiques; mais il est en outre bien essentiel de multiplier les arbres assainissants comme l'Eucalyptus, ou de produits et à feuiiles persistantes, tels que le Caroubier, dont le fruit est excellent pour les troupeaux, tels que les oliviers greffés dont on tire une si bonne huile ailleurs que dans la Kabylie, où l'ont en fait beaucoup et pourtant pas encore assez. Nous en voudrions voir sur toutes les grandes routes et bornant les canaux et les chemins de fer. L'ombre, qui ne fait jamais défaut sous ces arbres, est précieuse pour le voyageur pendant les ardeurs d'un long été sans nuages. Ce serait d'ailleurs d'un bon revenu sans aucun frais d'entretien. On devrait aussi donner dans un sens plus colonial une grande extension aux pépinières de l'Etat, notamment à celles du *jardin d'essai*, et employer cent mille bras à multiplier partout les richesses accumulées dans ce vaste établissement, sans toutefois lui rien enlever de son caractère accessoire d'agrément, comme but de promenade et de curiosité pour le touriste et l'habitant d'Alger.

Les vignes trouvent tant de terrains qui leur sont favorables et le climat leur convient si admirablement, qu'on ne saurait trop en multiplier les plantations.

8° MINES DIVERSES.

On en exploite pour environ 3 ou 4 millions de francs par an; mais la cherté de la main-d'œuvre empêche de traiter les minerais; ils sont embarqués comme lest. Les travaux des mines en Algérie sont généralement arrêtés par la faiblesse du capital qui y est consacré. On attend aussi que les voies soient plus faciles pour l'exportation des produits. Avec l'introduction des travailleurs on aura la main-d'œuvre à meilleur marché ; on ouvrira les routes et l'on ne sera plus entravé par l'absence de capitaux dans toutes les exploitations reconnues payer.

9° Travaux particuliers par les Engagistes.

Il y a quelque chose comme 3,000 fermes créées par les Européens en Algérie, dont 500 sont de grandes fermes ; on y emploie sans distinction toute la main-d'œuvre qu'on peut se procurer : Français, Espagnols, Maltais, Arabes, Kabyles, et nulle part on ne se loue des services qu'on en retire et qu'on est bien forcé de garder, n'ayant pas à choisir pour les remplacer ; ils ne le savent que trop eux-mêmes et en abusent.

30,000 engagés noirs pourront facilement y être employés, et d'autres souscriptions se joindront à celles des fermiers pour obtenir des engagés américains sur toutes les propriétés rurales.

10° Constructions diverses a élever.

Les moyens actuels du pays seront suffisants pour disposer les logements, hangars et gourbis que devront occuper les 20 ou 25 premiers milliers d'immigrants de couleur ; ceux-ci contribueront ensuite à l'édification du reste ; hôpitaux, églises, écoles, caravansérails, etc. Il faut qu'à leur débarquement ces transportés n'aient à regretter ni le pays qu'ils ont quitté, ni le bateau qui les apporta, et que la première impression soit et demeure favorable. Ils se reposeront tous quelques jours ; les malades seront soignés et les valides seront ensuite colloqués dans les différents ateliers où commencera leur engagement sous salaire. Très peu familiarisés avec la prévoyance et le soin de se pourvoir eux-mêmes du pain quotidien, il ne leur faut demander que le travail résultant de leurs engagements, que le service de la tâche ; tout doit prévenir leurs besoins légitimes et leur être fourni sans qu'il en coûte le moindre embarras à ces apprentis de la civilisation.

11° Fortifications militaires.

En réduisant le contingent de l'armée d'occupation, nous l'avons déjà dit, on devra retrancher plus fortement les garnisons réduites en nombre qui occuperont les points stratégiques du territoire, vers le Sud principalement, pour prévenir encore plus que pour réprimer toute espèce de soulèvement. Les fortifications qui gênent l'essor des villes sont déjà condamnées et de-

viendront l'objet de travaux de changements dont les frais seront en partie couverts par la vente des terrains qu'elles occupent.

On avait avancé que l'Empereur, dans sa dernière visite, avait
manifesté l'intention de créer deux autres ports militaires à l'Est
et à l'Ouest : cela s'expliquerait au moment où l'Algérie est ap-
pelée à de nouveaux développements intérieurs et extérieurs
par l'accroissement de sa population, et à la veille de l'ouver-
ture du canal de Suez, toutes choses qui augmenteront l'importance du bassin de la Méditerrannée. Avec la création de ces
ports militaires, peut-être même avant, on exécutera, sur plusieurs points désignés de la côte, des travaux hydrauliques pour
opérer plus facilément l'ancrage des navires, leurs décharge-
ments et les embarquements.

12° HABITATIONS ET PETITES CULTURES DES NÈGRES,

Au centre des grands travaux permanents on devra élever les
villages qui serviront à l'habitation des familles nègres. Comme
elles sont habituées à suppléer à leur ration nourricière à l'aide
de sarclages, il conviendra de leur ménager un petit terrain
contigu à leurs cases, où la femme et les enfants élèveront de la
volaille et autres animaux domestiques, et entretiendront les cultures potagères à leur usage, telles qu'ignames, patates douces,
pommes de terre, etc., tous farineux qu'ils aiment beaucoup.
Avec les moyens de bien arroser ces lopins de terre, ils pourront augmenter les cultures maraîchères et fournir leur quote-
part à l'exportation des primeurs en Europe, où le placement
est toujours assuré avantageusement pendant la saison d'hiver.

Dans l'énumération, très-incomplète, que nous venons de
faire, il y a un côté satisfaisant : toute modification à ce travail
ne peut être que pour ajouter et non pas pour retrancher. Qu'on
le soumette aux administrateurs et aux ingénieurs de l'Algérie,
et ils répondront qu'il y a des choses fort justes, mais avec
l'éternel et désolant *post-scriptum* qu'avec le temps seulement
tout cela peut se réaliser. Mais le temps est de l'argent (*Time is
money*), non pas pour l'Arabe mais pour le vrai colon, et puisqu'il existe un moyen d'avoir des bras, ne renvoyons pas a
demain ce que nous pouvons exécuter à la minute.

C'est là notre réponse et le but principal de cet exposé.

Le gouvernement, à l'aide de son emprunt de cent millions,
pourra faire beaucoup et a déjà publié son aperçu de la répartition qu'il se proposait d'en faire ; cette répartition ne pouvait
manquer de porter sur beaucoup des points que nous signalons.
Après l'Etat, viendra la Grande Compagnie qui, avec un capital
égal, gardera ou rétrocédera à d'autres sociétés, commanditées
ou non par elle, celles des entreprises dont elle ne voudra pas

se charger directement. Ce sont des détails de partage à déterminer entre les parties mêmes, intéressées et contractantes, sur un champ assez vaste pour y ménager une place à tout le monde capitaliste et travailleur.

VIII

Encore un mot sur les indigènes, à l'adresse de ceux qui se fourvoient sur leur compte et qui par suite ne pourraient que se méprendre sur la politique possible et utile à suivre en Algérie.

Les *Patriarches* et *la famille arabe*, l'*Arabe et son coursier*, le *dernier des Abencerages* et jusqu'aux *Contes* des *Mille et une nuits*, tout a contribué à donner naissance dans le monde à une fausse idée des Arabes, qu'on n'entrevoyaient qu'à travers un prisme poétique. Ce n'est pas qu'il n'y ait eu absolument rien qui justifiât en partie ce mirage, alors que cette race, dépositaire des connaissances de l'antiquité pendant les ténèbres du moyen-âge, brillait à son tour sur la terre par la puissance de ses premiers califes et par ses conquêtes dans l'Europe occidentale. On ne peut nier non plus qu'elle n'ait pas eu, largement et légitimement, sa part de l'éclat de l'Islamisme durant quelques siècles ; mais quelle chute depuis ! et combien les Turcs et les chrétiens ont fait expier à l'envi aux Arabes leurs jours de gloire et de prospérité !

La *nationalité arabe* n'est qu'un mythe, le mot même n'existe pas dans leur langue. Elle ne se trouve nulle part cette nationalité, pas même à son berceau, dans la sémitique Arabie, avec le sens que nous y attachons ; depuis le détroit de Gibraltar jusque sur les rives de l'Euphrate, cette race, éparpillée comme le peuple juif, vit sous une multitude de gouvernements chez lesquels elle forme un appoint plus ou moins considérable. Les trois millions indigènes de l'Algérie, les seuls aujourd'hui dominés par le christianisme, ont fait preuve d'incapacité à se gouverner eux-mêmes. Guidées par des chefs oppresseurs, les tribus, comme parmi les peuples primitifs, étaient toujours en guerre pour se piller, se voler et faire prévaloir un seul droit, celui du plus fort. Voilà leurs mœurs chevaleresques aujourd'hui.

Peut-on raisonnablement penser qu'il y ait là les éléments d'un *royaume arabe*, dont le nom a été prononcé, il est vrai, mais ne peut être compris que comme l'expression d'un vœu généreux pour leur union fraternelle et pacifique, dans un sens tout à fait figuré et non pas dans le sens propre qui se heurterait à une impossibilité radicale, qu'on ne doit même plus discuter ?

Ce qu'il faudrait pouvoir déraciner dans la conscience arabe, ne touche en rien la croyance religieuse — celle-ci est inébranlable; — mais il est une autre croyance qui, malgré nos victoires et notre domination, paralyse tous nos efforts de fusion et d'assimilation, c'est la conviction profonde chez toutes les classes aborigènes, que nous ne sommes que temporairement en Afrique, que nous n'avons pas nous-mêmes une foi robuste dans notre avenir chez eux. Enfin ils osent se persuader qu'ils nous jetteront à la mer à un moment donné, le jour fixé par leur prophète. Si l'on parvenait à faire évanouir une pareille absurdité, ce serait bien certainement une de nos plus solides conquêtes depuis notre occupation de l'Algérie.

Pour en revenir aux nègres de l'Amérique du Nord affranchis : ils ont conservé leur place matérielle au travail là où ils sont ; personne ne l'a encore disputée ni prise. Elle est inoccupée. C'est le préjugé de la race anglo-américaine qui leur en rend le séjour plus menaçant de jour en jour. Il n'y a pas de rapprochement possible. Raison, justice, intérêt, tout doit céder à l'horreur invincible qui sépare les deux castes.

Nous qui, grâce au ciel, ne partageons pas de si déraisonnables préjugés, nous, Français et chrétiens, qui ne croyons pas que la malédiction divine ait frappé la postérité de Cham ; nous, dont l'orgueil ne s'élève pas jusqu'à la pensée que le père commun de tous les hommes ait fait une différence entre ses enfants parce que le climat sous lequel ils sont nés en imprima une sur leur épiderme, sachons profiter des circonstances pour recueillir ces malheureux proscrits. Ouvrons leur nos bras, en attendant le moment où nous serons tous appelés et jugés au pied du même trône. Philosophes et chrétiens tout à la fois, en nous félicitant d'être nés dans de meilleures conditions sociales et à de plus vives clartés, n'employons cette supériorité intellectuelle qu'à compléter notre communion avec ces pauvres déshérités, en les élevant jusqu'à nous (ce n'est pas déjà bien haut). Achevons de les initier à la connaissance des perfections divines et au culte d'adoration que nous devons tous au créateur qui nous a tant commandé de nous aimer les uns les autres.

Il ne s'agit au fond que de rétablir les choses comme elles l'avaient été primitivement par la divine Providence, en faisant vite et à peu près d'un seul coup, ce qui avait été l'œuvre inverse et successive des siècles : rendre les Africains à l'Afrique.

Les moyens matériels n'ont rien de miraculeux ; pour opérer le changement de cette petite fraction de la grande société humaine, il n'y a ni à transporter ni à couper des montagnes, ni à réunir les mers, ni à séparer les continents. C'est un Exode renouvelé des temps antiques et accompli à l'aide des perfectionnements de la science moderne.

S'il n'y a pas possibilité de jeter un viaduc entre l'Amérique et l'Afrique comme on put faire jadis entre l'Asie et l'Europe; il y a peut-être mieux à faire aujourd'hui, grâce à la vapeur, quelles que soient les distances. C'est un pont d'une autre nature : celui des navires à vapeur ; par sa mobilité, il dispense des routes de terre, qui sont la plus grande difficulté locomotive, quand ces routes ne sont pas couvertes de rails et de wagons.

La Compagnie Transatlantique dont nous avons déjà parlé, peut, tant par l'augmentation de son propre matériel flottant que par l'affrétement d'autres bateaux à vapeur français, américains ou de toute autre nation, enlever, avec une centaine de navires faisant chacun une dizaine de traversées, plus d'un million d'immigrants dans une année, sortant par les ports des Etats-Unis : New-York, Boston, Charleston, la Nouvelle-Orléans, et abordant sans rompre charge, alternativement à Alger, Bône et Oran, ou bien, en atterrissant au Hâvre ou dans tout autre port de l'Océan, sauf transbordement. Chaque chargement pourrait être facilement d'au moins mille individus.

Il n'y aurait pas aux Etats-Unis, comme jadis à la Côte, de tiers à payer ; on traiterait directement avec l'immigrant, sans intermédiaire. Les bénéfices de celui-ci devraient se trouver dans son contrat d'engagement, uniforme pour tous ; lequel déterminerait le salaire journalier, la durée de l'engagement et autres conditions qui sont déjà réglementaires et à l'état pratique pour les engagés de race asiatique, telle que la retenue à exercer pour remboursement des avances faites par les compagnies maritimes et en général sans aucune omission des droits et devoirs respectifs de chaque partie. On peut considérer comme un grand avantage de ces nouveaux contrats, l'absence de la clause obligatoire du repatriement à la fin de l'engagement.

Cent francs par tête, l'une dans l'autre, seront un prix rémunérateur pour le passage avec nourriture. Il faudrait faire aussi une avance à l'engagé, ne serait-elle que de cinquante francs, payable moitié au départ et moitié à l'arrivée. Pour les femmes et les enfants non-adultes ces chiffres devraient être naturellement réduits. En supposant que le gouvernement de l'Union, à qui on serait peu jaloux de prendre les vieillards et les infirmes incurables, exigeât, pour n'en pas garder la charge, qu'on payât une indemnité à l'effet de constituer une caisse pour secourir ces délaissés, nous estimons qu'à l'aide de 50 francs par tête enlevée, on formerait un fonds de tontine suffisant pour une assistance que la mort rendrait plus légère chaque année. Nous arrivons ainsi au chiffre approximatif de deux cents francs pour chaque homme, femme et enfant adulte rendu en Algérie. Certes quand en moyenne le coût d'un Indien ou d'un Chinois livré dans nos colonies dépasse 500 francs, il serait bien avantageux d'avoir sur notre territoire algérien des travailleurs ne revenant pas à moitié et valant plus du double. La retenue sur le salaire n'aurait pas besoin d'être d'un chiffre élevé pour que les engagés eussent remboursé les avances faites avant l'échéance de leurs contrats, ne fût-il que de cinq ans au lieu de dix, qui est le terme ordinaire pour les engagements des Asiatiques.

Nous estimons que cent mille francs par chaque millier d'individus est un prix rémunérateur pour un voyage double d'Amérique en Algérie, et *vice versa*, en tenant compte de ce que les navires pourraient charger, outre les cargaisons humaines, plus encombrantes que pesantes, des marchandises et du lest; la préférence leur serait acquise pour les divers minerais de l'Algérie et bien d'autres produits de retour, par le bas prix auquel ils pourraient affréter. Pour aller en Amérique, qui les empêcherait de monopoliser, par un tarif modéré, qui serait presque tout profit, l'émigration blanche, qui est un chargement considérable que ne pourrait leur disputer même la navigation à voiles ? Cette émigration, un moment interrompue par la guerre civile, reprend de plus belle, et son courant entre l'Europe et les Etats-Unis se compte aujourd'hui par centaine de mille, et ne pourrait que s'accroître encore par les facilités et le bon marché. Ce sera un échange sans solution de continuité, sur les bateaux de la Compagnie Transatlantique, entre les émigrants blancs et les émigrants de couleur se croisant sans interruption sur les océans.

Quel plus magnifique spectacle aux yeux de l'Univers que ces armées pacifiques du travail, sillonnant en famille les abîmes sans fond, et semblant marcher sous le doigt de Dieu, pour aller compenser le dépeuplement par le peuplement, à l'aide de moyens presque artificiels, voguant tous à la recherche d'un bien-être général quoique différent pour chacun!

L'Angleterre, si injuste à notre égard à propos des engagements africains, n'aura pas plus le droit que la possibilité de former opposition à ce traité avec les États-Unis. Cela ne la regarde pas. Mais elle sera libre d'y puiser certains avantages à l'occasion du départ à vide vers l'Amérique, qui, par le bas prix du passage, stimulera l'émigration irlandaise, dont le *Fenianisme* sera trop heureux de pouvoir profiter.

Les préjugés anglais à l'endroit de la population catholique de l'Irlande, ne sont guère plus raisonnables que ceux des Américains envers les gens de couleur. C'est toujours le même besoin de rompre en séparation, pour cause d'incompatibilité invétérée. A entendre les Anglais, les Irlandais sont malheureux par leur faute, étant des fainéants, des paresseux qui ne travaillent pas.

En admettant quelque chose de fondé dans ces récriminations, ne s'expliquerait-on pas la conduite des pauvres Irlandais par la situation qui leur est faite? Sans émulation et sans bon vouloir à cultiver, comme serfs d'une orgueilleuse aristocratie, une terre dont ils n'ont qu'une maigre part, ils sont aiguillonnés ailleurs quand c'est pour eux qu'ils travaillent et qu'ils ont le prix de leurs sueurs. Antipathiques aux Anglais, ils les payent de retour et ne valent rien sous leur autorité; sympathiques aux Américains, ils deviennent excellents au partage de leur terre et de leur liberté.

Les Irlandais seront donc disposés à aller vite combler aux États-Unis le vide qu'y fera l'émigration des nègres, au grand avantage des deux pays.

Que de profits divers et pour tous dans ces revirements de population! Dans l'ordre moral et humanitaire comme dans l'ordre matériel et physique, toute valeur n'est que relative, et, avant de qualifier les choses de bonnes ou de mauvaises, commençons par nous assurer si elles occupent bien toutes dans ce monde la place qui leur convient.

La tâche de rétablir les équilibres est un don que la divine providence ne prodigue pas. Le Sinaï est devenu muet; mais de loin en loin le ciel inspire ses élus et les transforme en exécuteurs mystérieux et favorisés de ses volontés suprêmes.

Toutes les éventualités de bénéfices pour ces opérations sont difficiles à préciser exactement; si nous ne pouvons pas en poser le chiffre, nous n'en sommes pas moins convaincu qu'il y a là une source de bénéfices élevés, qui permettront à la Compagnie Transatlantique (et à tout autre à défaut) de traiter avec libéralité les émigrants, sans lésiner sur les frais.

Ainsi que nous l'avons exposé dès le début, la Grande Compagnie aux 200 millions de capital fesant en Algérie fonction officielle de *Caisse Coloniale*, payera la Compagnie des transports, d'une part, en recevant d'elle les immigrants avec leur contrats; et, d'autre part, elle réglera avec les engagistes en leur distribuant, dans les formes usitées, les immigrants pour lesquels ces engagistes auront souscrit, sans acception de qualité, que ces engagistes soient de simples colons cultivateurs ou des industriels organisés en compagnies d'une solvabilité reconnue.

Le gouvernement ne peut manquer d'être lui-même au nombre de ces engagistes, s'ils persiste à faire emploi par ses agents des 100 millions mis à sa disposition par la Grande Compagnie.

Le rôle le plus important de l'État ne peut être dans ces détails, où l'industrie associée le suppléera plus profitablement; mais la place où sa présence ne saurait être suppléée est dans la haute et incessante surveillance pour que les contrats passés avec les engagistes soient rigoureusement observés, et que le traité qui aura été signé avec la grande fédération américaine ne subisse ancune altération, aucune fausse interprétation pouvant compromettre l'entreprise ou altérer les bonnes relations entre les deux pays et porter atteinte aux intérêts sacrés des pauvres immigrants, soit à bord des navires soit à l'arrivée au lieu de destination.

Nous ne terminerons pas sans aller au devant d'une objection qui ne manquerait pas de se produire. Les nègres, une fois débarqués sur le continent africain, posant ainsi le pied sur le sol d'origine, ne quitteront-ils pas le littoral du nord pour aller vers le sud, à travers les déserts du Sahara, rechercher et rallier, sous l'impulsion d'une affinité de sang, leurs congénères au pays des nègres d'où la race est sortie, emportant ainsi dans ce *marronage* la garantie des avances faites?

Pour qui connaît les nègres de l'Afrique et les nègres de l'Amérique, qui n'ont de commun que la couleur et certaines autres conformations physiques, il n'y a pas de semblables craintes à avoir, quelque puissance qu'on suppose aux lois de l'affinité.

Il y a excessivement peu de nègres (*noves*) natifs du sol africain parmi les hommes de couleur libres des États-Unis, la traite ayant cessé depuis très longtemps de pourvoir de nègres les propriétaires du Sud. Bien que peu avancé en civilisation, le nègre d'Amérique est un aigle comparé à celui qui est resté en Afrique, idolâtre, barbare et anthropophage ; celui-ci même est l'ennemi naturel de son congénère, quand il sent qu'il a frayé avec la caste blanche ; il est jaloux et furieux de ce vernis étranger, quelque légère que soit la couche dont il s'est imprégné.

Les vrais nègres du centre de l'Afrique ont plutôt de l'antipathie que de la sympathie pour la cité modèle et républicaine de *Liberia*. Leur penchant naturel les porte plutôt vers le despotisme du roi de Dahomey ou de Théodoros.

A moins que les Africains engagés ne fussent du littoral même, de ceux qu'on appelle *crows*, nous avons vu tous les autres, au terme de leur engagement, se bien garder de réclamer l'exécution de la clause du rapatriement ; ils avaient au contraire une frayeur terrible d'être rapportés au sein de leurs familles : ce n'est pas là qu'ils entrevoient le mieux possible ; l'amour de la patrie parle peu à leur cœur. Aussi, en avons-nous toujours voulu à ces négrophiles qui, dans un style d'idylle, étaient parvenus à nous apitoyer sur la nostalgie des nègres africains. Les drôles ne regrettaient sans doute de la patrie absente que les repas de chair humaine ; s'il en est qui ont réellement ressenti cette douleur des cœurs bien nés, elle n'aura pas excédé le temps où, enchaînés à fond de cale d'un négrier, ils y vivaient dans les transes continuelles d'y être mangés, par un triste retour des choses d'ici-bas.

Entre les nègres de l'Afrique pur sang et ceux que nous irions chercher en Amérique, les habitudes, les mœurs, la religion, tout diffère : un abîme les sépare. Ceux de l'Amérique, nés aux régions tempérées, faits à la douceur du climat, n'échangeront jamais ce bien-être contre un climat de feu, où la vie est plus rude, plus difficile et nécessiterait encore pour l'aller chercher un voyage aussi pénible que dangereux.

Mais ce qui se passe en Algérie sous nos yeux tous les jours, est plus concluant que tout le reste contre cette prétendue disposition prêtée anx nègres que nous introduirions. Leurs congénères d'Algérie, arrivés depuis plus ou moins de temps de leur pays natal, vivent et meurent parmi nous sans laisser jamais échapper le désir de revoir leur berceau, sans paraître éprouver le besoin d'aller déposer leurs ossements à côté de ceux de leurs pères. Les nègres attendus ne feront pas différemment, par la raison très-simple qu'ils auront encore plus de motifs pour ne pas tenter ce que leur prédécesseurs n'ont jamais fait.

Ici se produit tout naturellement une réponse à ceux qui, n'ayant pas assez approfondi l'ethnologie, prétendent que les travailleurs nègres ne s'acclimateront jamais sur la partie du territoire algérien où s'étend la colonisation européenne. Il y a quelques années, un fonctionnaire, d'infiniment d'esprit, avait proposé d'attirer les nègres du Soudan que les rois noirs et les grands propriétaires Soudaniens étaient toujours disposés à vendre à vil prix. On reconnut bien vite que, outre l'inconvénient de prêter à l'accusation de *traite-déguisée*, ces nègres, arrivant sans transition de leurs sables brûlants de l'intérieur, ne s'acclimateraient pas facilement dans la partie nord, montagneuse et refroidie, du même continent, où la température serait bien plus fatalement tranchée pour eux qu'elle ne l'est dans le sens opposé, pour les races européennes.

De là s'est formée l'opinion erronée que toute race nègre, indistinctement, ne peut croître et multiplier sur le sol algérien. On négligeait de tenir compte du plus essentiel, de ce que nous nous sommes efforcé d'exposer clairement ; en un mot on fit confusion, et l'erreur n'est venue que de ce que, suivant le langage vulgaire, il y a nègres et nègres : tout est dans la distinction à faire entre ceux de l'Afrique et ceux de l'Amérique.

Nous aurions voulu rendre cet exposé plus clair, plus susceptible de faire partager la profonde conviction qui nous anime. Nous n'avons certainement pas tout dit. Le pouvions-nous — le devions-nous ? Nous nous sommes borné à ne pas écrire un seul mot qui ne fût dans notre pensée et que notre bonne foi fût jamais dans le cas de désavouer. La bonté de notre cause suppléera notre insuffisance. A d'autres à nous soutenir et à poursuivre la tâche. Nous ne l'abandonnerons jamais si le projet prend de la consistance et tend à se développer.

Par une seule et même mesure un double but sera atteint :

1° Débarrasser les États-Unis d'une caste qui est un martyre pour les deux castes ;

2° Faire servir cette caste déplacée au peuplement de l'Algérie.

Pour l'exécution que faut-il ?

1° L'entente et le consentement des deux gouvernements de France et d'Amérique, à cause de l'importance du plan ;

2° Le concours de la Compagnie Transatlantique pour faire les engagements et opérer ces transports à travers les mers ; à son défaut et peut-être conjointement, des armateurs français ou franco-américains organisés en Compagnie spéciale ; mais dans l'un et l'autre cas, comme il ne faut pas qu'elle soit entravée dans ses opérations elle doit être à la fois responsable et privilégiée ;

3° Les capitaux intelligents de la Grande Compagnie qui ne peut trouver que sûreté et profit au placement des cent vingt millions de francs qu'elle doit consacrer exclusivement à l'Algérie. Hors de là elle n'en trouvera pas l'emploi, quelque élasticité qu'on parvienne à donner à ses statuts, encore inconnus.. .

4° La promulgation de la législation sur les engagements des immigrants.

Les événements, qui marchent toujours, viennent de soulever une nouvelle objection, qui paraît très-grave et qui, examinée de près, est plutôt un moyen qu'un obstacle. Les nègres affranchis, dit-on, ne veulent pas en général travailler, et on voit tous les jours ceux des États-Unis en particulier, se livrer à tous les désordres et se refuser au travail.

Il est certain qu'effectivement les nègres n'ont jamais vu le travail dans la liberté ni la liberté dans le travail. Tous les affranchis des colonies anglaises, après leur temps d'apprentissage, et nos propres affranchis ont donné à l'envi ce fâcheux exemple. Nous ne connaissons qu'une seule exception, et encore tient-elle à une circonstance toute locale. A la Barbade, la population était tellement dense par rapport à l'exiguité du territoire de l'île qu'il fallait faire produire à la terre tout ce qu'elle pouvait produire, sous peine de mourir de faim. Le choix ne fût pas douteux : la nécessité fit loi, et cette petite colonie, sans introduction d'engagés a continué à être parfaitement cultivée par ses habitants, et s'est maintenue une des plus prospères des Antilles. Cet exemple prouve bien que, quand il y est obligé, le nègre affranchi travaille même sous les Tropiques ; à plus forte raison sous un climat moins sévère, tel que celui des Etats-Unis ou de l'Algérie.

L'homme devenu libre éprouve une répugnance instinctive à travailler le champ même qui fut arrosé de ses sueurs d'esclave. Il y doute de la liberté ; cela se comprend et s'explique. Aussi opinâmes-nous, dans les projets d'affranchissement, pour que les nègres en devenant libres fussent changés de colonie quand ils ne pouvaient justifier avoir pris racine au sol par la propriété ; la presque généralité n'avait pas cette inhérence,

Y a-t-il lieu de s'étonner qu'après une guerre terrible, prolongée plusieurs années en bouleversant toutes les existences, l'ordre ne se soit pas immédiatement rétabli? Les nègres aux Etats-Unis ne sont pas rentrés encore au travail ; mais le pouvaient-ils ? C'est ce que d'abord il convient d'examiner. Nous les voyons aux prises avec les législatures des Etats, qui, fesant contre fortune bon cœur, sont forcés de les déclarer libres tout en leur contestant, autant qu'ils le peuvent, les droits qui devraient découler de cette condition. Une partie de nègres est encore sous les drapeaux et d'autres affluent, sans moyens d'existence, dans les villes où les évènements les ont poussés.

Les propriétaires du Sud ont perdu, d'un seul coup, pour plus de dix milliards de francs de propriétés; on serait ruiné à moins. Y a-t-il, dans l'univers entier, une agglomération quelconque de propriétaires qui puissent tant perdre à la fois? Dix milliards ! ! ! On les a placés, du jour au lendemain face à face avec leurs dettes. Aussi sont-ils presque aussi embarrassés que leurs anciens esclaves, rien que pour se procurer les moyens de vivre, eux et leurs familles. Comment prendraient-ils des salariés, n'ayant plus la possibilité de les payer quotidiennement en attendant de tardives récoltes? Ces malheureux habitants du Sud, privés même de crédit chez eux, cherchent des associés à l'étranger, mendient jusqu'en Europe des commanditaires, pour tâcher, si c'est possible, de relever leurs habitations abandonnées.

Il est donc évident que ce n'est pas du fait des affranchis seulement s'ils n'ont pas repris leur travail aux Etats-Unis, indépendamment de toutes les causes répulsives, qui leur en inspirent un dégoût local, et de la conviction, générale et de bonne foi, qu'on devait, en les délivrant de l'autorité de leurs maîtres, leur donner aussi les habitations.....

Nous avons été reconnus de tous temps pour les maîtres les plus humains; nous avons prouvé en Algérie que nous étions bien les ennemis de la traite et de l'esclavage en nous privant du profit des caravanes qui faisaient leur principal commerce de la vente des nègres, et qui, sur notre opposition, les écoulent chez nos voisins. C'est nous qui avons, avec la meilleure grâce, substitué la liberté à l'esclavage, en 1848. C'est su et connu dans les deux mondes, et nous en recueillerons les avantages lors de notre appel aux gens de couleur libres aux Etats-Unis, qui préféreront être nos engagés en Algérie avec le titre de Français en perspective, que de rester Américains sans jouissance de droits politiques, n'y vivant que des indigestions de la liberté, sans pouvoir même se bercer de ces douces illusions:

L'introduction des classes de couleur en Algérie doit être notre plus forte préoccupation; elle rentre parfaitement dans les vues d'un homme d'Etat de la plus haute importance, le maréchal Randon, ancien gouverneur général de l'Algérie, actuellement ministre de la guerre, lorsqu'il demandait *une population nombreuse et forte pour transformer d'abord le sol et ensuite pour le conserver.*

Si nous avons été silencieux jusqu'à présent sur l'avenir réservé aux immigrants au terme de leur engagement, ce n'est pas que nous croyons cet avenir fermé pour eux. Bien au contraire. Si à l'expiration de leur contrat, riches de quelques économies, ils ne veulent pas le renouveler, ils resteront ouvriers libres pouvant toujours louer leurs bras ou travailler pour leur propre compte. Les terres du littoral ou du Tell fussent-elles à trop haut prix et toutes possédées, qu'ils auraient à leur disposition la zone du Sud, que les Européens ne sauraient leur disputer, et dont le climat semble avoir été fait pour ces classes de couleur. A l'aide des puits jaillisants, tous ces sables se transformeront en luxuriante végétation, et la multiplicité des plantureuses oasis finira par n'en plus faire qu'une seule et unique, dont les intervalles ne seront que les voies de grande communication.

Et, d'autre part, quelle barrière plus solide et plus infranchissable entre nos possessions du Nord et les noirs habitants du grand désert africain, que ces magnifiques terres couvertes de populations ! fécondées par les merveilles de l'art, elles associeront aux feux du soleil des sources d'eaux abondantes qui s'étaient toujours perdues sans fruit, depuis la formation du globe, dans l'ombre et les profondeurs de son sol vierge !

Oui, DES TRAVAUX PUBLICS et LE PEUPLEMENT, voilà les deux leviers à l'aide desquels on peut racheter vite 35 années misérablement perdues et chèrement dépensées *à produire beaucoup de trouble dans les esprits. et fort peu de bien pratique.*

« On a bien assez légiféré pour l'Algérie » d'après l'Empereur; ce qui veut dire *beaucoup trop.* Et cependant, pour inspirer confiance et sécurité et assurer le crédit, il est encore de rigueur qu'un Sénatus-consulte nous octroie la Constitution avec le cortège obligé de décrets et de réglements organiques précédant et développant le nouveau système politique et financier de l'Algérie, *qui substituera l'action à la discussion* et deviendra pour cette partie de l'Empire *le Couronnement de l'Edifice.*

Nous avions pu écrire, il y a quatre ans : « on avait su vaincre et on ne sut pas être juste. » Vérité hier, mensonge aujourd'hui. Si à l'Empereur Napoléon III ne revient pas la gloire de la conquête de l'Algérie, à Sa Majesté du moins, sous l'inspiration de l'amour de l'humanité et du progrès, la gloire d'y avoir inauguré le règne de la Justice ! Après lequel, selon l'Evangile, tous les autres viendront à la suite.

FIN

APPENDICE

———

(11 Mai). — La *Loi des Droits civils* qui, malgré le *veto* du Président, a passé aux deux Chambres du Congrès, ne touche réellement que les États du Sud, les seuls précisément qui n'étaient pas représentés au Congrès fédéral.

Les hommes de couleur des États du Nord, où il n'y avait plus d'esclaves, sont depuis longtemps en possession de ces droits; mais nous avons été témoin nous-même que le droit n'était pas suffisant pour l'exercice du vote. Quand le scrutin était ouvert, les hommes de couleur, en grande minorité dans les États du Nord, étaient écartés par la violence de l'Assemblée électorale.

Il n'en sera peut-être pas ainsi dans les États du Sud, où les hommes de couleur seront quelquefois en majorité; qu'en résultera-t-il? Nous ne pouvons le prévoir; mais il est évident que les blancs du Sud, ruinés et blessés dans leurs plus vifs sentiments, se soumettront difficilement à une loi, votée contre eux et sans eux, par suite des manœuvres du parti radical qui ne pardonne pas aux anciens Séparatistes.

A tout événement, il est permis de douter que cette loi soit une mesure d'apaisement, d'assimilation et de conciliation.

Les hommes de couleur n'en resteront pas moins une caste frappée de réprobation. Ils ne s'en relèveront jamais sur le territoire américain, et leur meilleur parti à prendre sera toujours celui de l'émigration que leur a conseillé leur premier magistrat et auquel nous les engageons nous-mêmes.

———

Le traité avec l'Angleterre, pour l'engagement des Indous, touche à son terme. C'est bien le cas de ne le point renouveler, car nous trouverons toujours un contingent allant au-delà de nos besoins parmi les hommes de couleur des États-Unis, pour remplacer, avantageusement et à meilleur marché, dans nos colonies, les Indous et les Chinois, qui bien décidément ne valent pas ce qu'ils coûtent.

S. A.

———

Alger. — Typographie et Lithographie BOUYER, rue Charles-Quint, 5.